楽しい！かわいい！目立つ！

POPアイデア

ビックリするほど簡単につくれる！

ちょい持ちPOP

顔と手を描くだけ！
思わず笑顔になる
POPがつくれます♪

簡単なのにこんなにかわいい！

ちらり。

顔を隠せば、
チラリ覗き見POPに大変身！

女将は見た！
モチ肌社長のヒミツ
お客様からもよく褒められる
社長の美肌のワケは…
①オリジナルせっけんで洗顔
②オリジナル化粧水をつける
③オリジナル美容液で仕上げ！
毎日続けているんです!!
こう見えて50代で〜す♡

こんなPOPに
アレンジ
できちゃう！

▶94ページ参照

差し込むだけでアラ不思議！

商品ちょい持ちPOP

▶96ページ参照

イラストに切り込みを入れて商品写真を差し込むだけで、
イラストと写真がまさかのコラボ！
商品写真はチラシやカタログを切り抜けばOK！
楽しくて、いくつもつくりたくなっちゃう☆

二度見すること間違いなし！

立体POP

ラミネートの余った部分を再利用すれば、思わず振り返って
二度見してしまう、楽しい立体POPがつくれます。

立体POPが完成！

余ったラミネートで
土台をつくって、
バラバラのパーツを
くっつければ……

▶ 90ページ参照

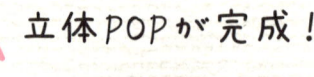

あっと言う間に旬のPOPに衣替え！

デコパーツ

１つつけるだけでPOPがパッと明るくなるデコパーツ！
季節のイラストを描いたデコパーツをつくっておけば、
いつもの売り場に、手軽に季節感を演出することができます。
一手間加えて立体にすると、さらに目を引きます！

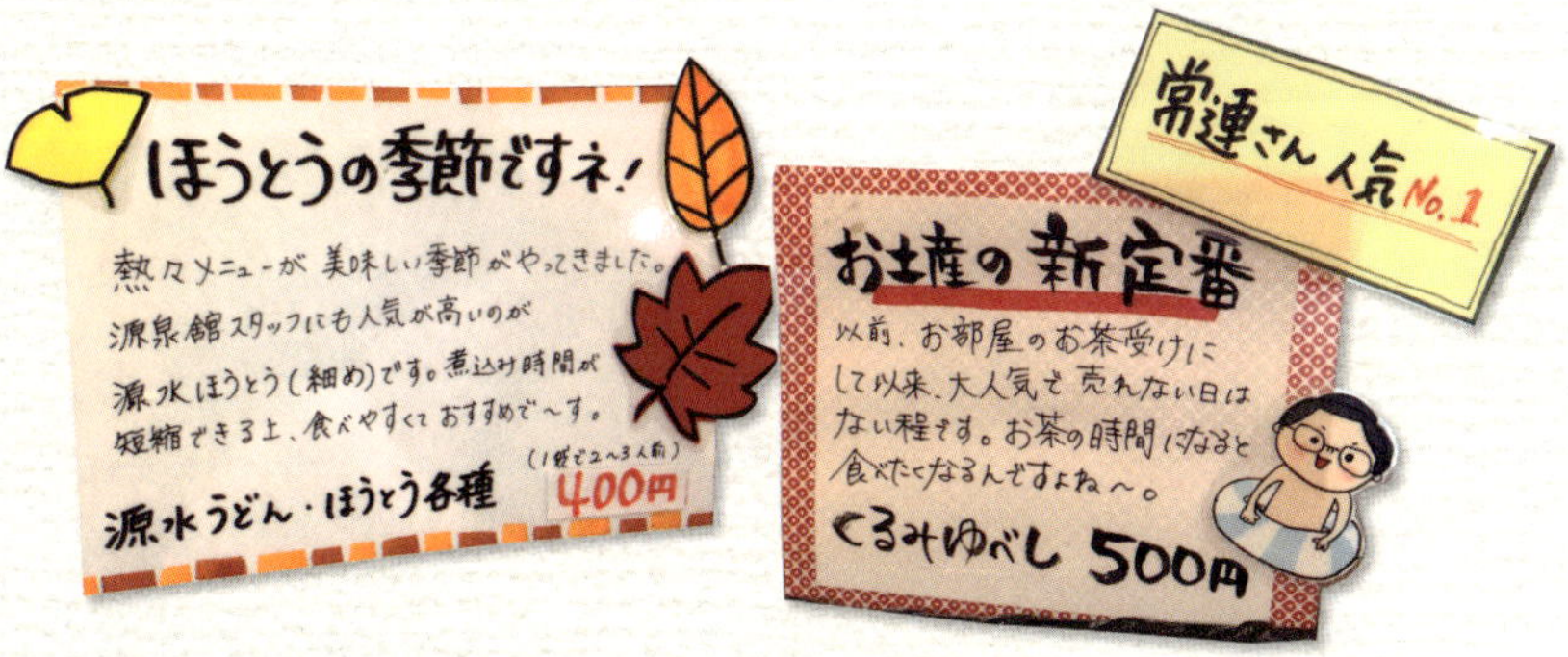

▶ 88ページ参照

大好きが伝わる!

抱きつきPOP

▶ 98ページ参照

イラストが苦手でも大丈夫！

イラストは才能やセンスではなく、覚えるもの！
誰でも簡単にかわいいイラストが描けるコツを紹介します！

家族を描く
▶ 130〜139ページ参照

表情豊かなネコを描く
▶ 140ページ参照

真似するだけでOK

表情豊かなPOPを描いてみよう!

驚く人とネコ

▶ 142ページ参照

運命の文房具を見つけよう！

どんなペンを使うかによって、仕上がりが変わったり、
書きたい気持ちがアップしたりするものです。
POPを書くのが楽しくなるような、運命の文房具を探しに行きましょう！

三菱鉛筆 プロッキー

軽い書き心地が魅力のプロッキーは、イラストから文字までこれ１本で書けちゃいます！　裏うつりしないから、机の上が汚れることを気にせずグイグイ書けるのがうれしい！

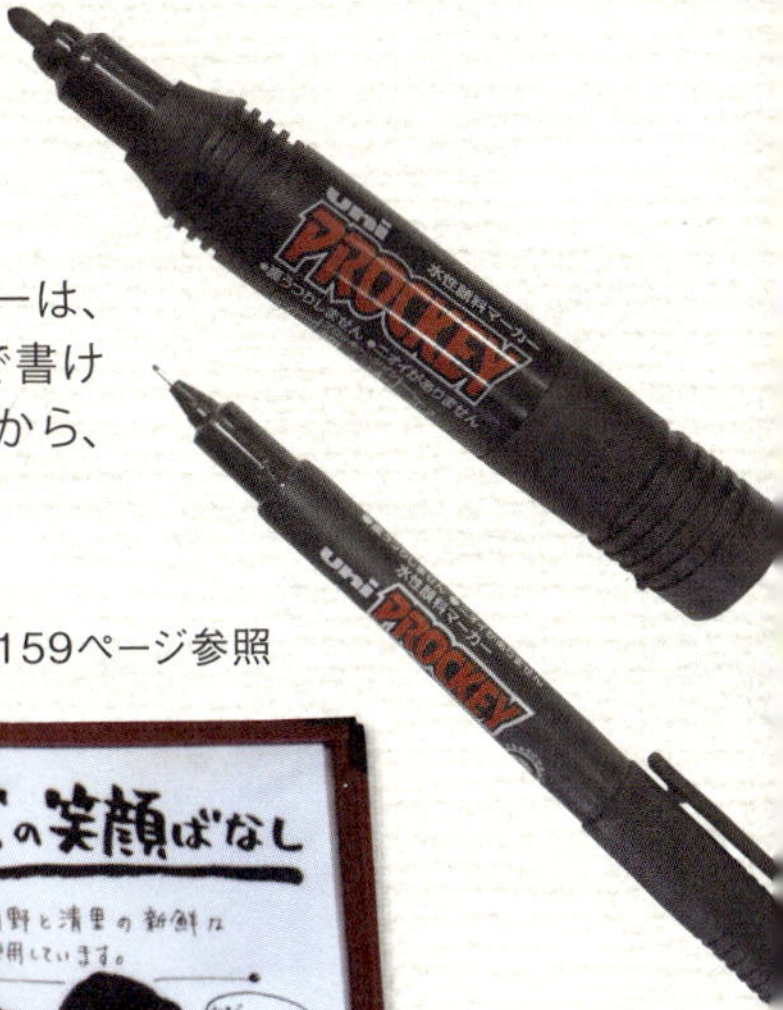

▶ 156〜159ページ参照

ぺんてる 筆〈中字〉

文字やイラストに自信がなくても、すべてを「味」にしてくれる！　本書を読みながらいろんな使い方を覚えよう。

▶ 160〜165ページ参照

色を塗るもの、いろいろ

色えんぴつ

1色だけで塗るより、同系色を重ね塗りするのが上手に見せるポイント☆

ぺんてる くるりら

クレヨンと色鉛筆の中間のような塗り心地。クルクルまわして芯を出すタイプなので、芯を削る手間もいらず、手も汚れないのがうれしい!

コピック

ムラ知らずで、とにかくきれいに発色。描いたイラストを5割増しにしてくれる魔法のペン! とにかく色が豊富なので、肌色や髪の毛の色など、まずは使う色から揃えていこう!

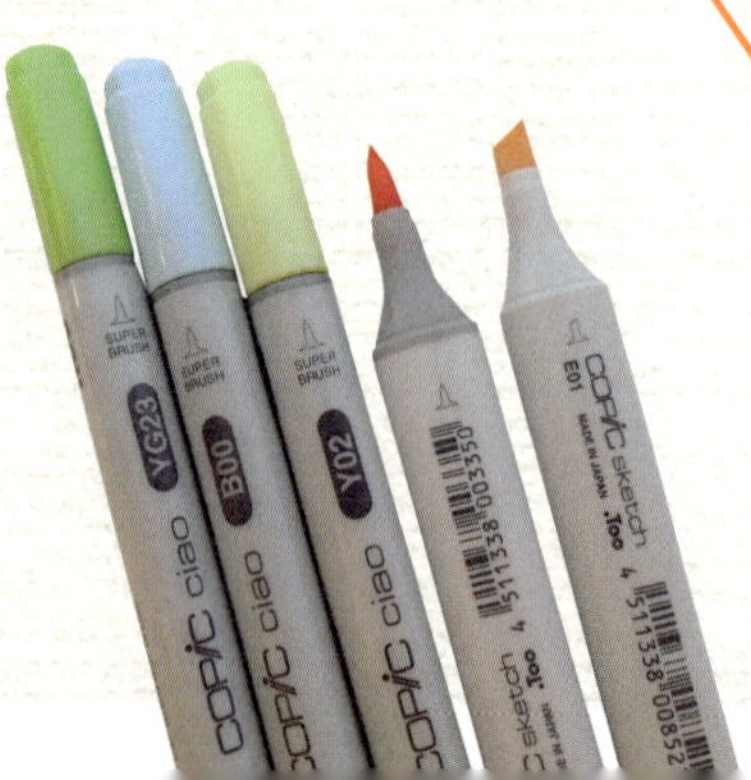

色画用紙＆柄折り紙

100円ショップで気軽に揃えられる!

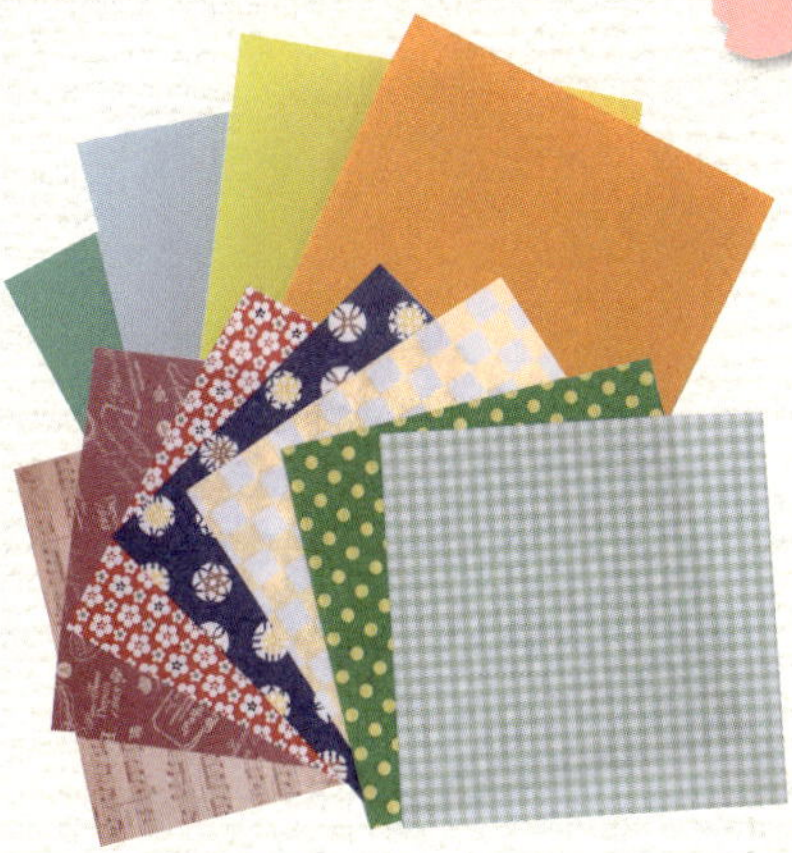

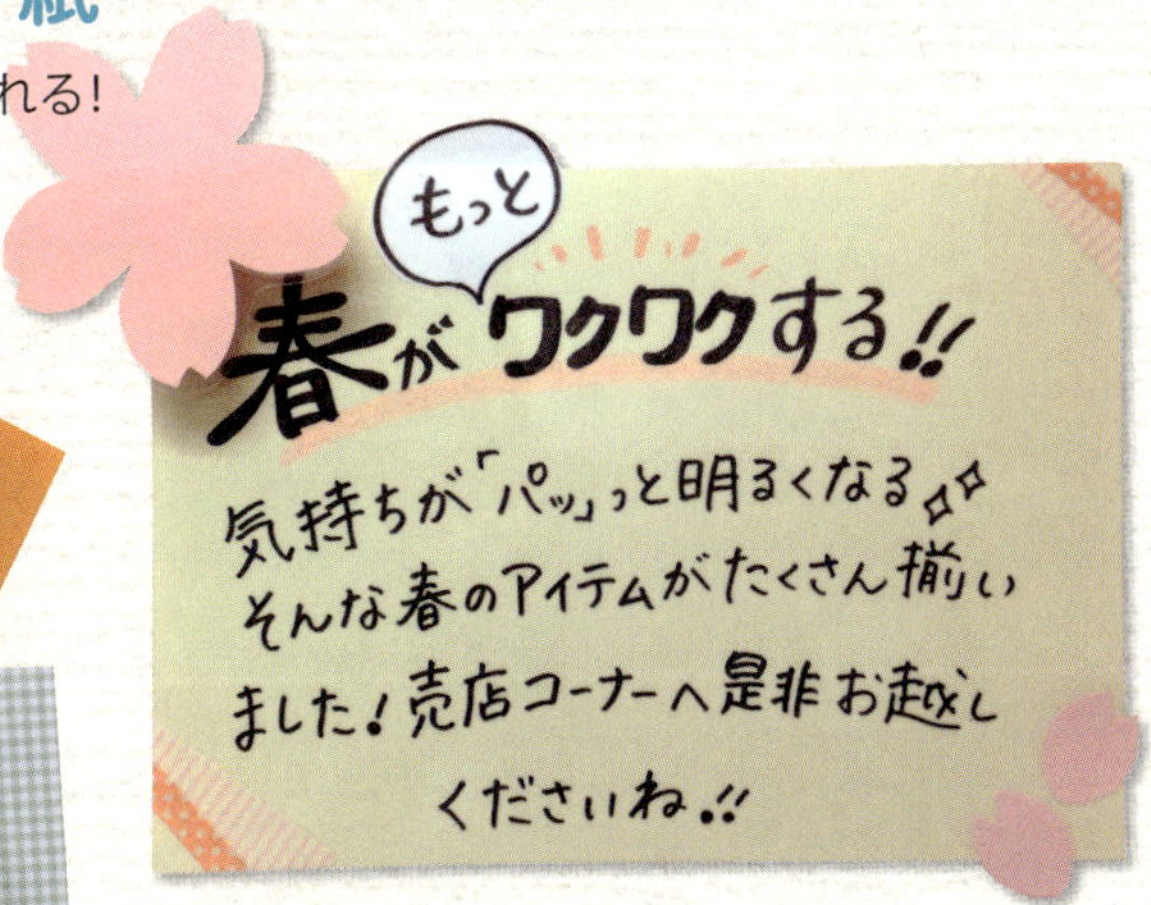
もっと
春がワクワクする!!
気持ちが「パッ」っと明るくなる
そんな春のアイテムがたくさん揃いました！売店コーナーへ是非お越しくださいね!!

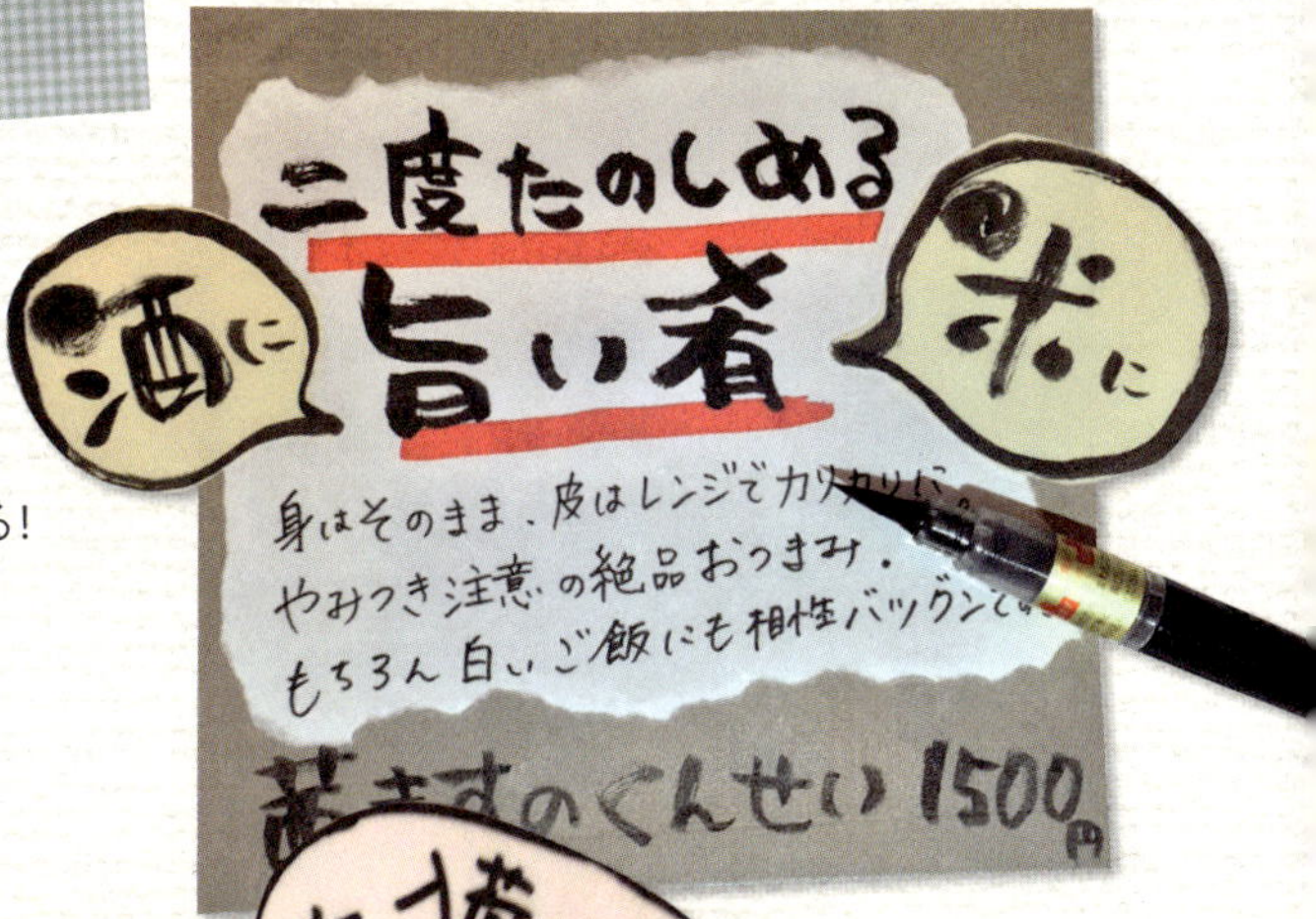
二度たのしめる
旨い肴
酒に
身はそのまま、皮はレンジでカリカリに。
やみつき注意の絶品おつまみ。
ますのくんせい 1500円

手でちぎった紙に
筆ペンで書けば、
いい具合に味が出る!

K

入荷が追いつきません
大人気の理由《ワケ》
① とにかく軽～い！
② クッション性バツグン！
③ 厚底なのでスタイル良く見せてくれるのに歩きやすい！

100円ショップには
かわいい柄の折り紙が
たくさん揃っている。
商品に合うものを選ぼう!

▶ 72ページ参照

ペタペタ貼るだけで
POPが華やぐ!

マスキングテープ

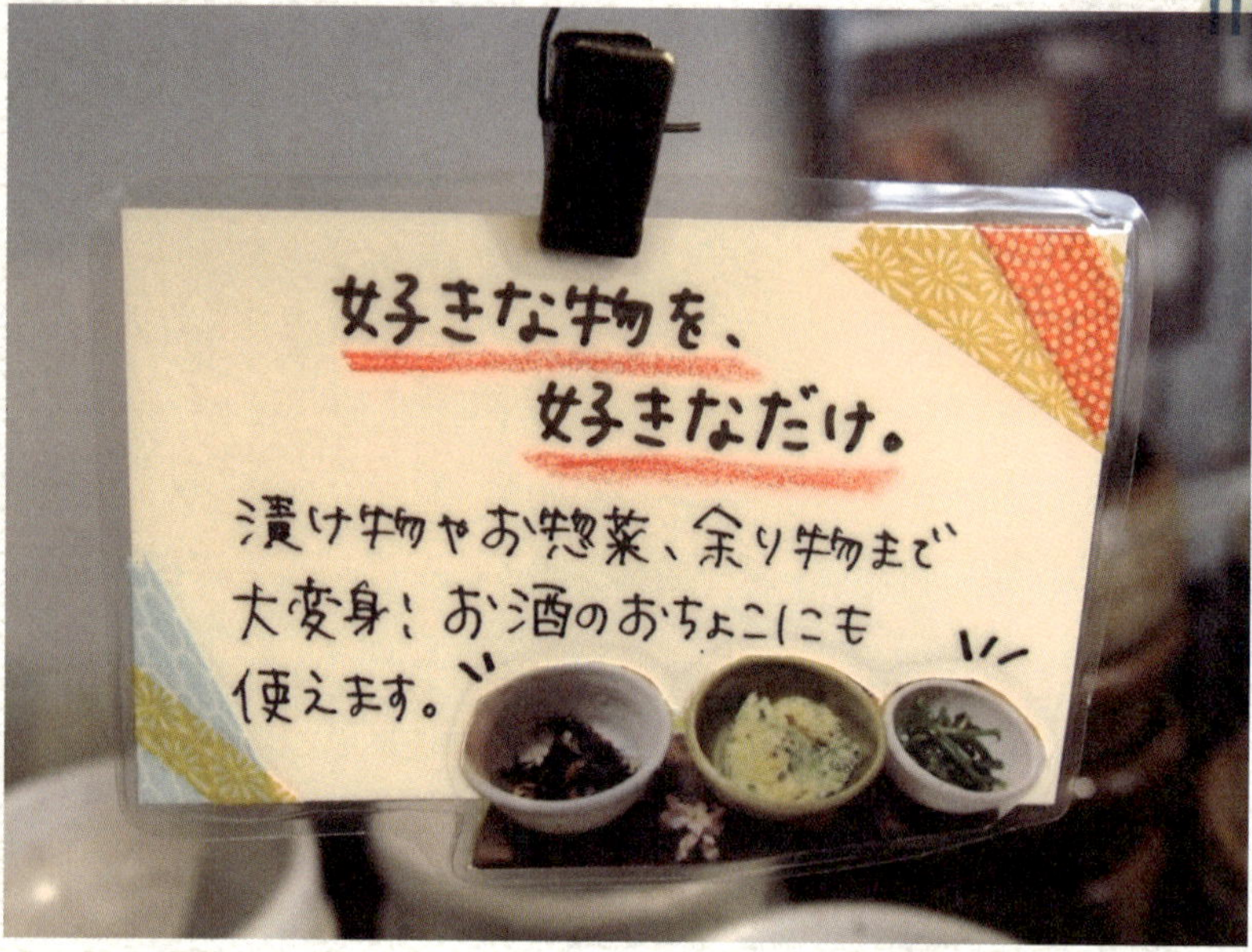

選ぶなら絶対に単色やシンプルな柄が使いやすい!
ぐるっと一周囲むより、斜めや上下など一部分だけに使ったほうがセンスよく仕上がる♪

ドットやストライプなどの定番から、和柄なども揃っているので、お店や売り場の雰囲気に合わせて選んでみよう。

▶ 72ページ参照

大きめに入れれば注目度アップ！

写真

広告用のモデルの写真を使うより、スタッフの写真を入れることで、親近感がアップ！　お客さまも思わずクスッと笑顔になるPOPに！

▶ 82ページ参照

商品とイラストを組み合わせることで、表現の幅が広がり楽しいPOPに！
商品もイメージしやすくなります。

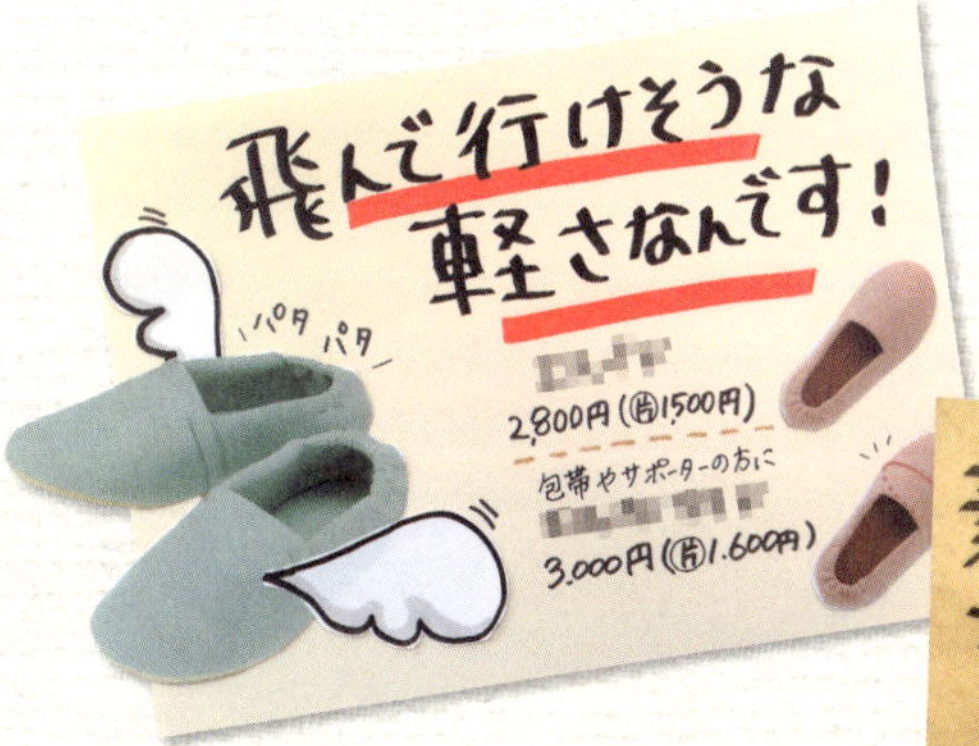

▶ 78〜81ページ参照

POPが書けると次の販促物もできるようになる!

商品の魅力をもっと伝える!
手書きチラシ

パソコンでデザインされたチラシだらけの今だからこそ、手書きがきく! 伝わる発信方法、イラストの描き方、全体のバランスなど、POPを書くことでさまざまなスキルが身につきます。だから、POPが書けるようになると、チラシも書けるようになるんです!

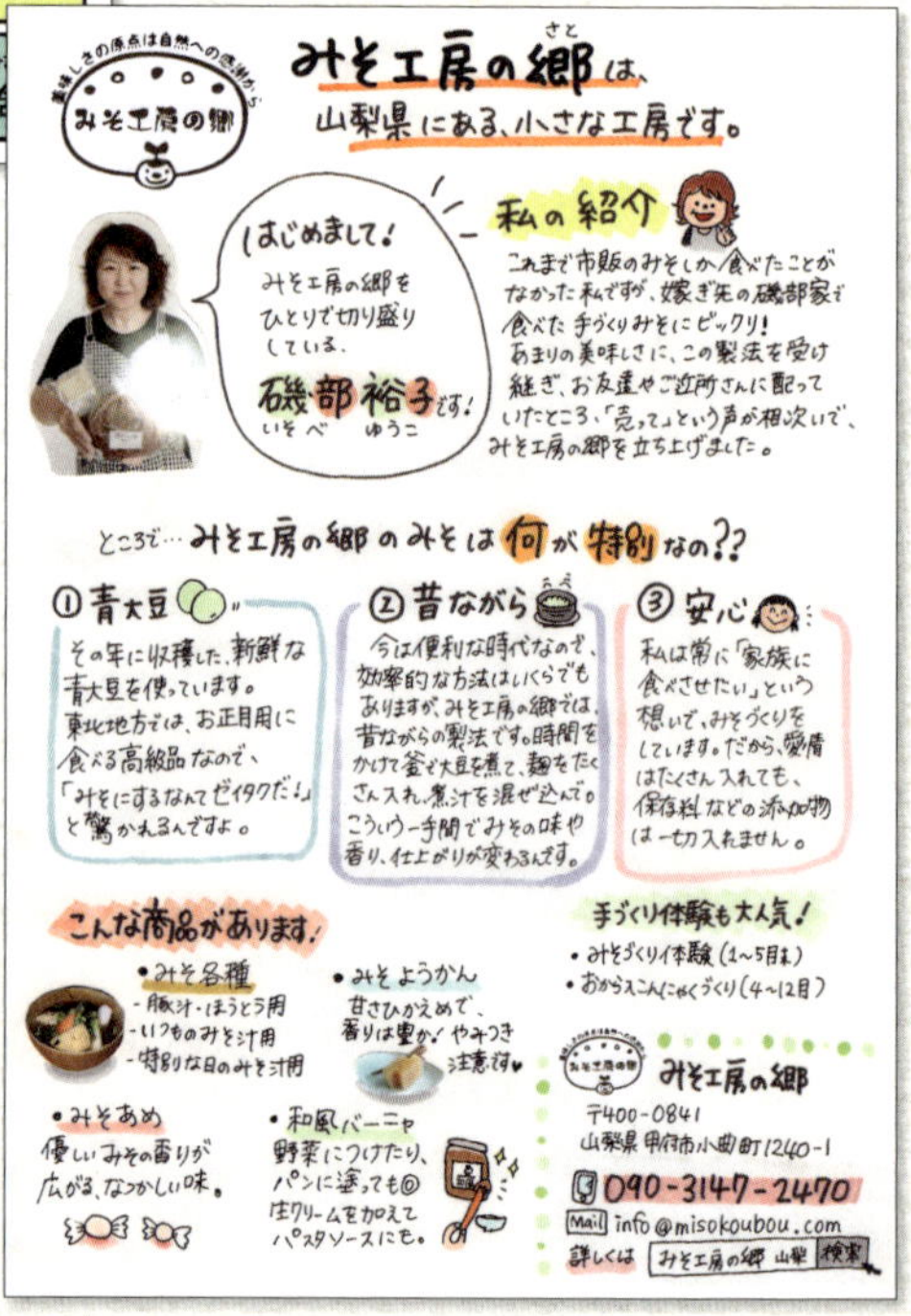

私(お店)の紹介や商品の特徴、使い方のワンポイントアドバイスなど、一つひとつのコーナーがPOPの集合体だと思って書けば、1枚のチラシができちゃいます!

▶ 172ページ参照

次役立つ情報をお届けする おたより

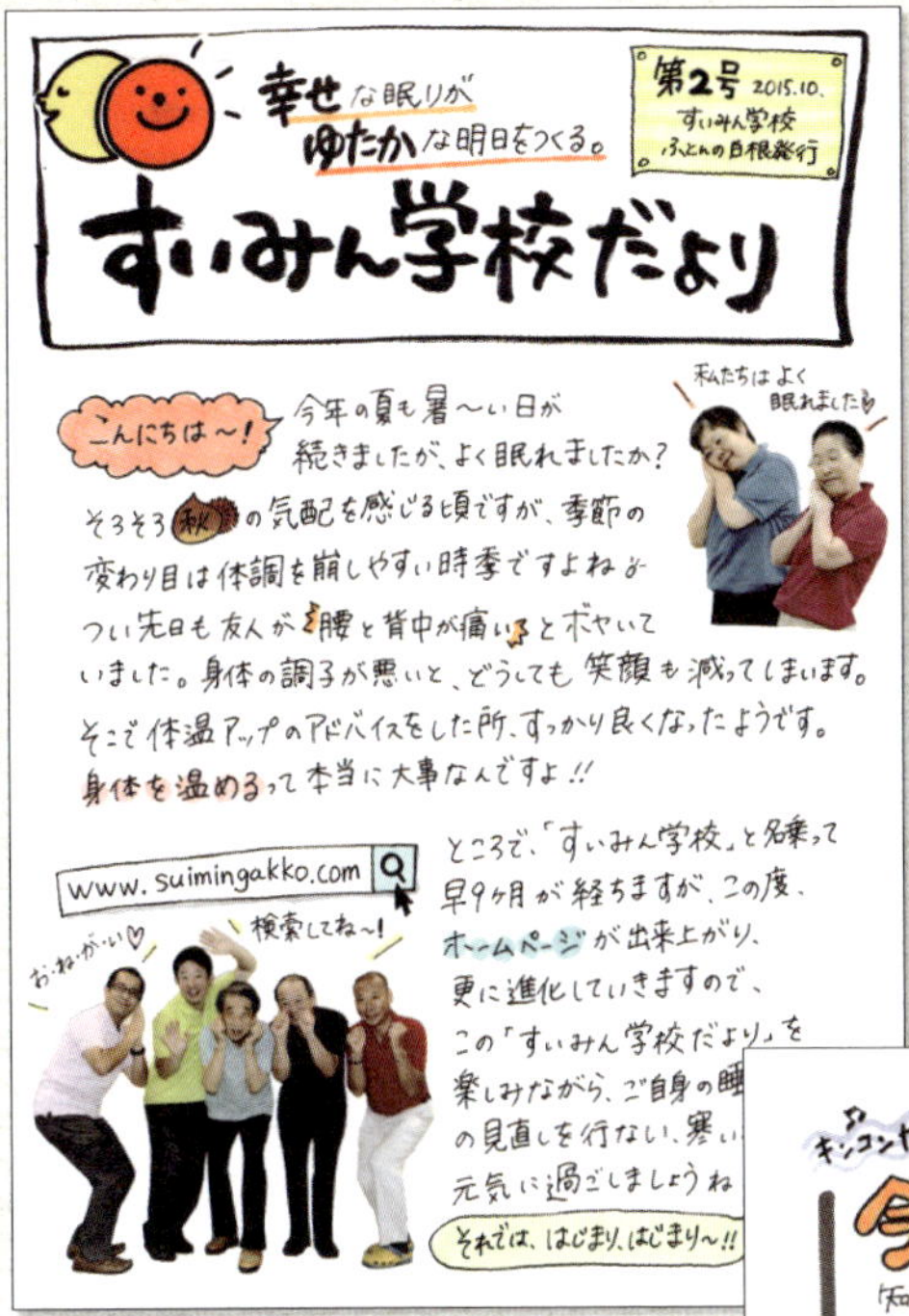

幸せな眠りが
ゆたかな明日をつくる。

第2号 2015.10.
すいみん学校
ふとんの白根発行

すいみん学校だより

こんにちは～！

今年の夏も暑～い日が続きましたが、よく眠れましたか？
そろそろ秋の気配を感じる頃ですが、季節の変わり目は体調を崩しやすい時季ですよね
つい先日も友人が「腰と背中が痛い」とボヤいていました。身体の調子が悪いと、どうしても笑顔も減ってしまいます。
そこで体温アップのアドバイスをした所、すっかり良くなったようです。
身体を温めるって本当に大事なんですよ!!

私たちはよく眠れました

ところで、「すいみん学校」と名乗って早9ヶ月が経ちますが、この度、ホームページが出来上がり、更に進化していきますので、この「すいみん学校だより」を楽しみながら、ご自身の睡
の見直しを行ない、寒い
元気に過ごしましょうね

www.suimingakko.com

お・ね・が・い♡

検索してね～！

それでは、はじまり、はじまり～!!

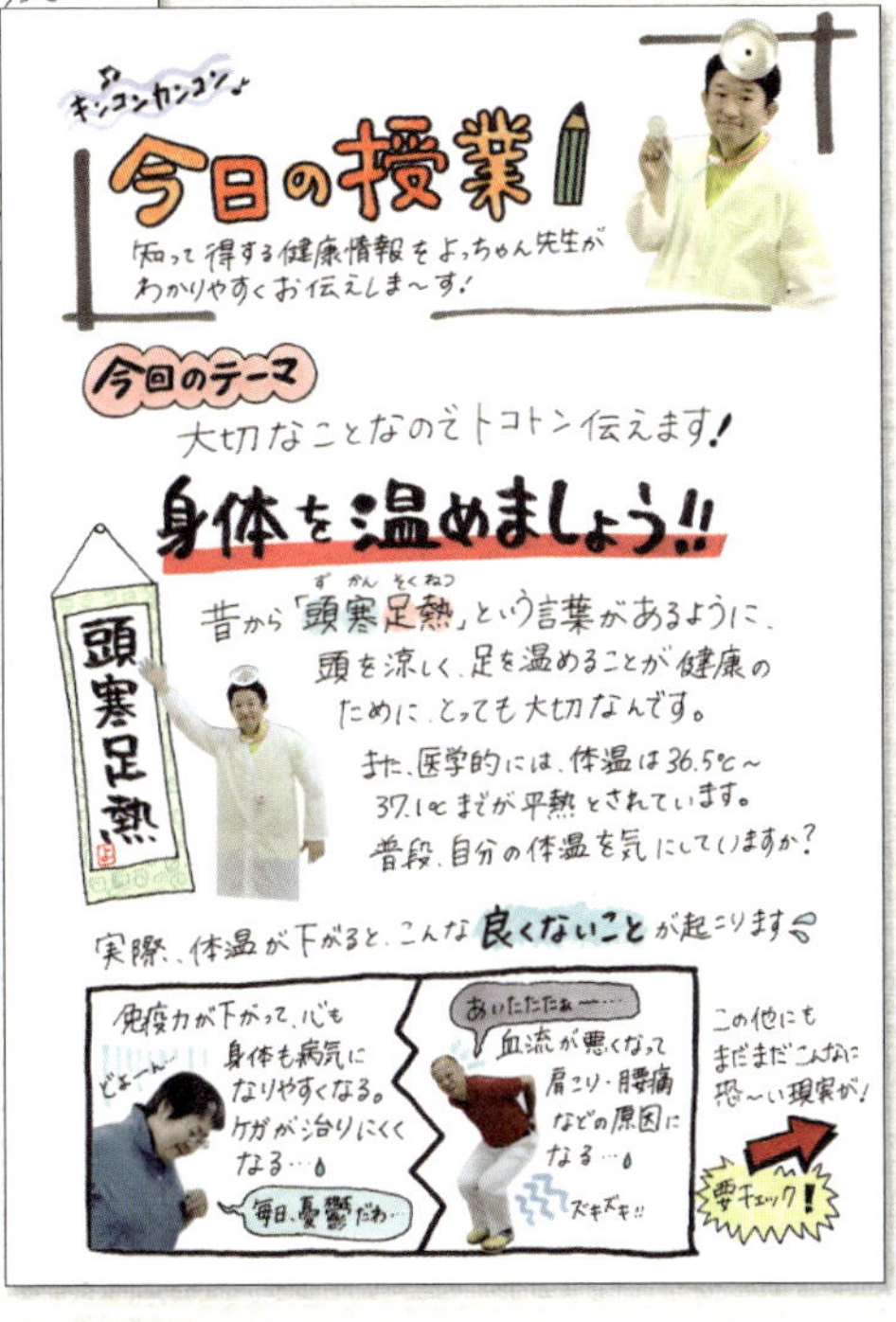

キンコンカンコン♪

今日の授業

知って得する健康情報をよっちゃん先生がわかりやすくお伝えしま～す！

今回のテーマ

大切なことなのでトコトン伝えます！

身体を温めましょう!!

昔から「頭寒足熱《ずかんそくねつ》」という言葉があるように、頭を涼しく、足を温めることが健康のために、とっても大切なんです。

また、医学的には、体温は36.5℃～37.1℃までが平熱とされています。
普段、自分の体温を気にしていますか？

頭寒足熱

実際、体温が下がると、こんな良くないことが起こります

免疫力が下がって、心も身体も病気になりやすくなる。
ケガが治りにくくなる…。

どよ～ん

毎日、憂鬱だわ…

あいたたたぁ―…

血流が悪くなって肩こり・腰痛などの原因になる…。

ズキズキ!!

この他にもまだまだこんなに恐～い現実が！

要チェック！

手書きおたよりを定期的に発行すれば、お客さまとの距離もグンと縮まる!
POPで鍛えた「お客さまに役立つ情報を発信する力」を活かすことが大切です。

販促物を面白くする
写真の撮り方ガイドも
要チェック！（82～85ページ）

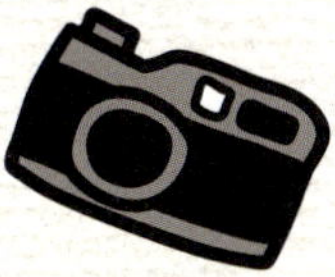

▶ 172ページ参照

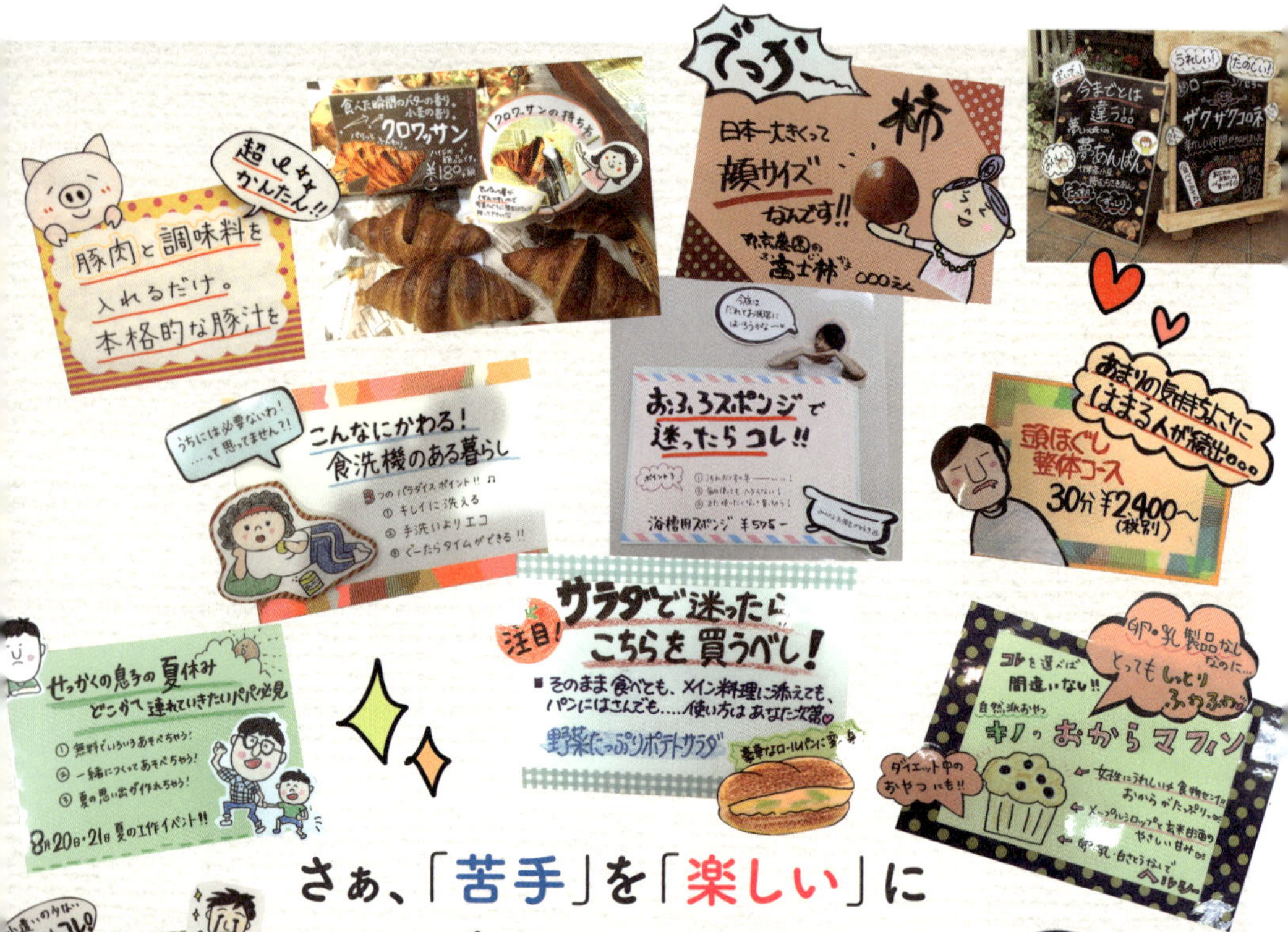

さぁ、「苦手」を「楽しい」に変えちゃおう!

みんな最初は「苦手」だったし、自信がありませんでした。
でも、うまくいく方法を知って実践することで、
効果や反応が得られ、「楽しい」に変わりました。
だから大丈夫!
まずは最初の一歩を踏み出しましょう!

はじめに

告白します！

今は全国各地からＰＯＰセミナーの講演依頼をいただき、こうしてＰＯＰをテーマにした書籍を出版することになった私ですが、実はほんの６年前までは、自分の書く文字にコンプレックスを持ち、自分のＰＯＰに自信がありませんでした。

２００９年、当時販促会社で勤務していた私は、あるお店の手書きＰＯＰを手伝うことになりました。

文字を書くのが苦手な私は、何度やり直しても上手にＰＯＰを書くことができません。それでも、勇気を出して売り場に設置してみると、ＰＯＰで紹介したプリンの売上が、なんと7倍にアップしたのです。

このとき初めて、**たとえ上手でなくても、伝え方一つで売れるＰＯＰは書ける**ということを学びました。

それから2年が経った頃、お客さまから「文字が上手になったね」と声をかけられました。ひたすらＰＯＰを書き続ける中で、**ペンの持ち方や書き方一つで、読みやすい文字が書けるようになると**気づいたのです。

その後、もっとＰＯＰを目立たせる方法はないかと考え、イラストを入れたり、ＰＯＰのデコレーションに挑戦してみると、うれしい変化が起きました。「ＰＯＰが楽しいから、ついこのお店に来たくなる」「売り場が明るくなって買い物が楽しくなった」と、お客さまが楽しんでくれるようになり、売上もさらによくなったのです。

最初は目立たせるためにつくり始めた〝楽しいＰＯＰ〟でしたが、「ワクワクして、どんどんＰＯＰをつくりたくなる」という気持ちにさせてくれ、枠にとらわれない面白いアイデアが次々と湧いてきました。**ＰＯＰづくりを楽しむことで、さらなる売上アップや自分自身のレベルアップにつながっていった**のです。

この本では、このようにＰＯＰに苦手意識を持っていた私が、「ＰＯＰってすごい！　ＰＯＰって楽しい！」に変わった経験や学びを活かし、「売れるためにＰＯＰはこう書くべし！」という売れるＰＯＰの基本だけではなく、ＰＯＰづくりが楽しくなる目立たせテクニックやアイデアもたっぷりお伝えしています。

今書いているＰＯＰの反応がイマイチでも問題ありません！
ＰＯＰの基本を知れば、お客さまが反応せずにはいられないＰＯＰが書けるようになります。

文字やイラストが苦手でも心配いりません！
ペンの持ち方や描き方など、ちょっとしたコツをつかめば、すぐにうまく書けるようになります。

ＰＯＰが苦手でも安心してください！
面白いアイデアの数々を知れば、ＰＯＰづくりが楽しくなります。

今、ＰＯＰに悩んでいるあなたへ。
この本があるから、もう大丈夫ですよ！

すごはん　増澤 美沙緒

売れる! 楽しい!
「手書きPOP」のつくり方

Contents

Part 3

これでもう悩まない！ POPコピー集

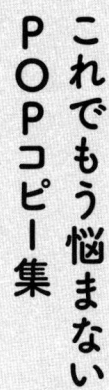

Part 4

POPが目立つ！ 簡単テクニック

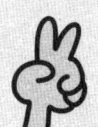

Part 5
今すぐ使いたい！ アイデア集

Part 6
効果が出やすい！ 商品と伝え方

Part 7

こんなところでも効果を発揮！POPの意外な使いどころ

Part 8

絵心ゼロでも5分で描ける！簡単かわいいイラストレッスン

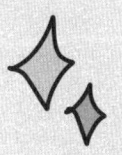

Part 9 苦手でも大丈夫！ 売れるPOPの文字の書き方

Part 10

POPだけじゃもったいない！販促活用術

装幀・本文デザイン・DTP　松好那名（matt's work）

Part1

すべて実話！
すごいPOPの事例集

Part 1

1 「本日のおすすめ品」廃棄のピンチを救ったPOP

なぜ、「本日のおすすめ品」は売れなかったのか

地元客で賑わう「スーパーやまと」（山梨県韮崎市）の鮮魚コーナーに、ズラリと並んだモーカ。ひと際目立つ売り場に、「本日のおすすめ品」の文字と強調された価格が目を引くにもかかわらず、これがなかなか売れません。

ところで、冒頭の文字を読みながら、「モーカって何？」と思われた方は多いでしょう。お買い物をしているお客さまもまったく同じ。

「モーカがおすすめ」と言われても、いったい何なのか、おいしいのかおいしくないのか、どうやって調理したらいいのか、買ったら何かいいことがあるのか、まったくわかりません。これでは売れるわけがありませんね。

どんな商品も魅力が伝わらなければ売れない

来る日も来る日も売れ残ってしまうモーカの救世主として登場したのがPOPです。「モーカって何？」「どうやって食べたらいいの？」という疑問への答えを、POPとお持ち帰り用レシピに書いて売り場に設置しました。すると、商品はすぐに完売！　値下げもせず、試食も出さず、商品をすすめる接客もしなかったのに、紙とペンだけで3・6倍も売ることができました。

お客さまの「？」を解消し、商品の魅力を伝えただけで、見事に廃棄のピンチを救ったのです。

「こんなにいい商品なのに、どうして売れないの？」「安いものばかり売れるけど、こっちの商品のほうが絶対にいいのになぁ」「あのお店よりウチのほうがいいものを揃えているのに、お客さまはみんな向こうのお店に行ってしまう……」

もし、あなたがこんな悩みを抱えていたら、お店や商品が「モーカ状態」になっている可能性があります。あなたのお店や商品の魅力は、本当にお客さまに伝わっていますか？

売れないのは商品に魅力がないからではない！

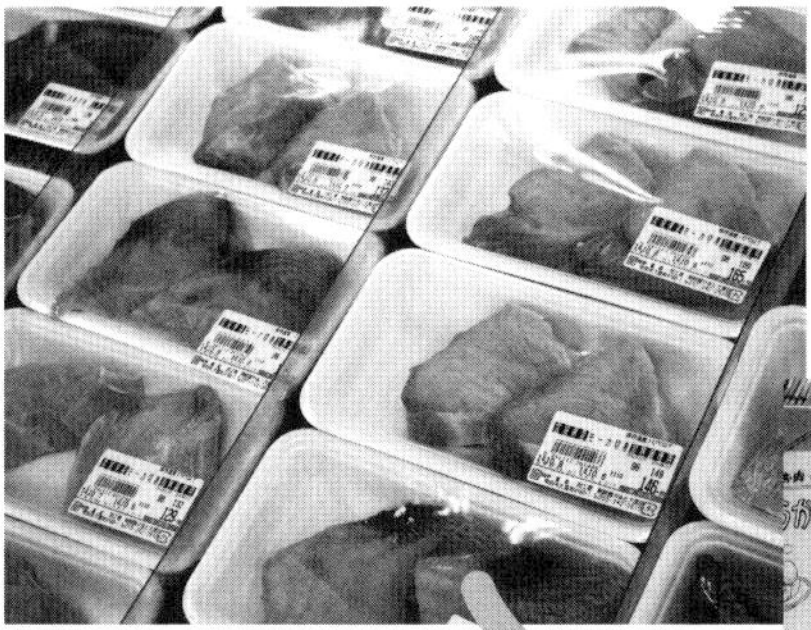

商品名と値段だけでは
魅力は伝わらない

商品の魅力がお客さまに
伝わった時点で、お客さまに
「欲しい」という気持ちが
生まれる

**売上を3.6倍にしたのは
このPOPとレシピ！**

Part 1

2

目の前で商品が完売！自信につながるすごい効果

POP制作をスタッフへ

ニセコの隣町、倶知安《くっちゃん》町の駅前にある「お菓子のふじい」は、道内外からお客さまが訪れる人気店。これまで店舗経営からPOPづくりなどの細かな販促まで、すべてオーナー自らがこなしてきたものの、さらにお客さまに喜ばれる店づくりをするためには、今の仕事を手放すことで新たな時間をつくらなければなりませんでした。

そこで、店頭のPOPづくりをスタッフに任せようと考え、全スタッフに向けて手書きPOPセミナーを実施しました。

セミナーでは、「なぜPOPが必要なのか？」という考え方から、効果的な伝え方など、POPの基本を一通り学び、いよいよPOPづくりにチャレンジすることになりました。

わずか8文字のPOPで驚きの結果が

セミナー後、書き慣れないPOPに戸惑いながらも、スタッフが個人的にお気に入りという商品に「食べたらハマる‼」と素直な言葉を書いた、ふきだし型のPOPを設置しました。

すると、お客さまの反応を心配する暇もなく、すぐに驚くような結果が出ました。

POPを見たお客さまが次々と商品を手に取り、初めてPOPを書いたスタッフ本人の目の前で、あっという間にカゴいっぱいの商品が売り切れてしまったのです。

スタッフたちは「POPはイラストや文字が上手で、デザインセンスもなければダメだと思っていたのに、数分で書いたわずか8文字のPOPでこんなに売れるなんて！」と衝撃を受けたそうです。

この体験は、本人はもちろん、まわりのスタッフたちにも自信を与え、今ではスタッフたちがつくる、楽しいPOPの数々がお店を彩っています。

自作POPのすごい効果を目の前で実感！

セミナーでは
全員がPOP初挑戦ながらも
楽しいPOPが次々と完成！

たった一言なのに
目の前で商品が完売！

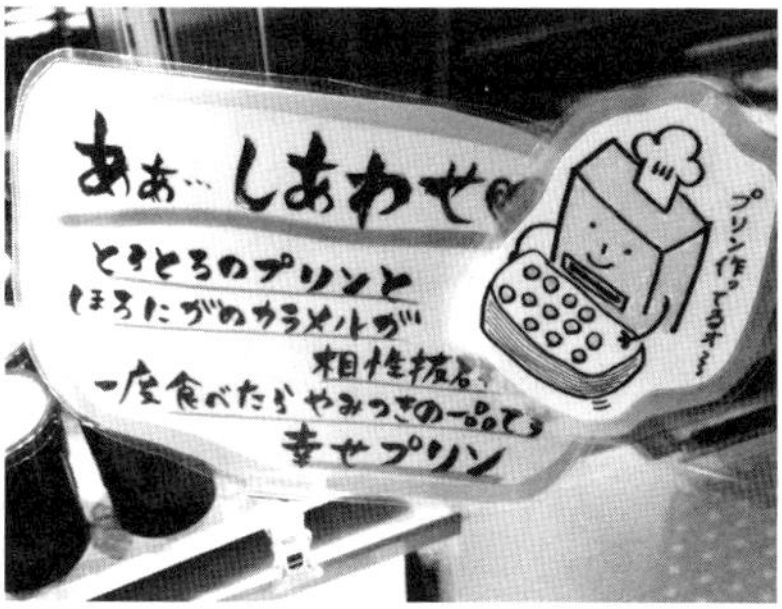

お店のキャラクターを活かしたPOPが目を引く

Part 1

3

正体不明だった会社が、地元の人気店に！

「普通の会社」の正体

菓子店に向けて食材や器材を卸している札幌の「フジヤ田中商店」では、会社の一部が一般のお客さまでも買い物できる売り場になっています。

1階はなじみのものから、見たこともない珍しいものまで、お菓子づくりに必要な食材の数々が取り揃えられています。2階にはプロのパティシエも愛用する本格的な器材が並んでいて、楽しめる店内になっています。

ところが、どう見ても外観が「普通の会社」であるため、とても一般のお客さまが入ろうと思える雰囲気ではありません。それどころか、表札や看板を見ても、いったいここが何の会社なのか、まったくわかりませんでした。

歩道に向けたPOPで主婦が集まる店に

前項で紹介した、お菓子のふじいのPOPセミナーに、たまたま一緒に参加したフジヤ田中商店のスタッフは、試しにお店の入り口や窓にPOPを書いて、貼ることにしました。

「フジヤ田中商店の楽しみ方、ご紹介します！」と書いたPOPや、営業時間の案内、おすすめ商品の紹介など、目を引くカラフルな画用紙に書いてPR。

さらに、歩道に面した窓には「どうぞお気軽にお立ち寄りください」と書いて、どんな商品を扱っているのか、写真入りでわかりやすく伝えたPOPを貼りました。

その結果、これまでは業者の姿しか見られなかった店内に、近所の主婦たちが続々と買い物に訪れるようになったのです。

また、商品名と金額しか書かれていなかった売り場にも、商品の使い方などを紹介するPOPを設置しました。今では「プロ仕様の商品が買えるお店」として賑わっています。

POP効果で地元の主婦たちが集う店に！

外から見たら「普通の会社」。
一般のお客さまは
まず入ろうとは思わない……

Change!!

左）歩道から見えるように取扱い商品を写真入りでわかりやすく紹介
右）季節ごとに挨拶入りのPOPを玄関に設置し、入りやすい入り口に

店内には季節の挨拶や、
商品知識が書かれた
POPがあり、
一般のお客さまでも
買い物が楽しめる

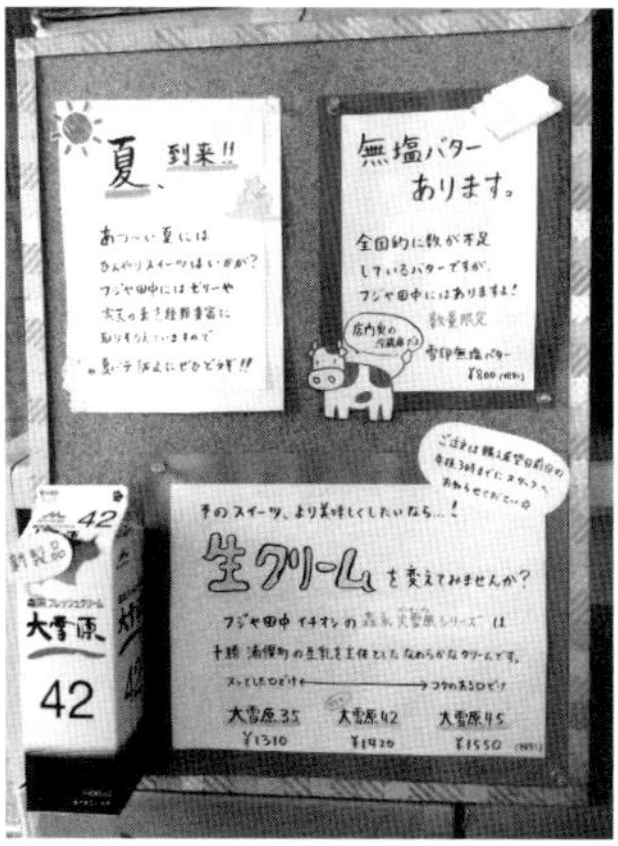

Part 1

4 たった1週間で山積み商品が消えた!? 伝説のPOP

人気商品の隣で息を潜めていた山積み商品

　全国から湯治客が訪れる、山梨県の増富《ますとみ》ラジウム温泉「不老閣」では、地元食材を使った食品から定番のまんじゅうなどの箱菓子まで、さまざまなお土産品を扱っています。

　中でも一番の人気商品は、旅館名が入った定番のお土産で、その横でひっそり息を潜めていたのは、山積みになった目立たない箱菓子でした。

POP設置後、1週間で棚が空に

　スタッフの間では「見た目は地味だけどおいしい！」と評判のお菓子ですが、なにせその隣には一番人気のお土産が置かれているため、売れ行きはそれほどよくはありません。そこで、このおいしさをお客さまに伝えようと、POPを書くことにしました。

　POPを設置してから1週間後、1本の電話が鳴りました。「POPをつけてから、あっという間に棚から商品がなくなっちゃったの！」と、興奮気味の女将の声が受話器から聞こえてきました。

「お土産で迷ったらこちらを買うべし!!」

　たった一言で、これほどまでに売れるなんて、これまでお客さまはお土産を買うのにどれほど迷っていたのだろうか……。商品名と金額しか表示していなかった、これまでの売り場を反省したそうです。

　以来、温泉水を使ったオリジナルせっけんに「リピーター続出中！」というPOPを設置したところ、これまで以上に売れ行きがよくなったり、お一人で37個も買って帰るお客さまが現われたりと、みるみる効果が出始めました。

　さらに、温泉旅館にもかかわらず、女将が気に入った靴や洋服にPOPをつけて販売したら、商品が次々と完売してしまい、今では売店商品の電話注文が入るようになるなど、不老閣では今日も新たな伝説をつくり続けています。

山積み商品が棚から消えた伝説のPOPはコレ！

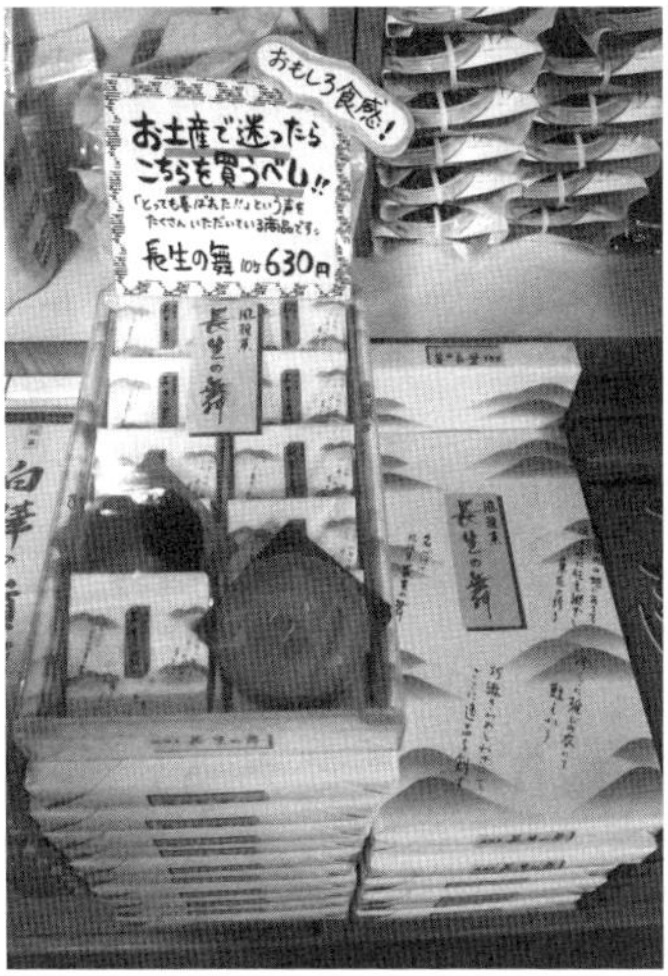

見た目は地味だけど実はおいしい！
そんな日陰の商品にスポットライトを当てるのがPOPの役割

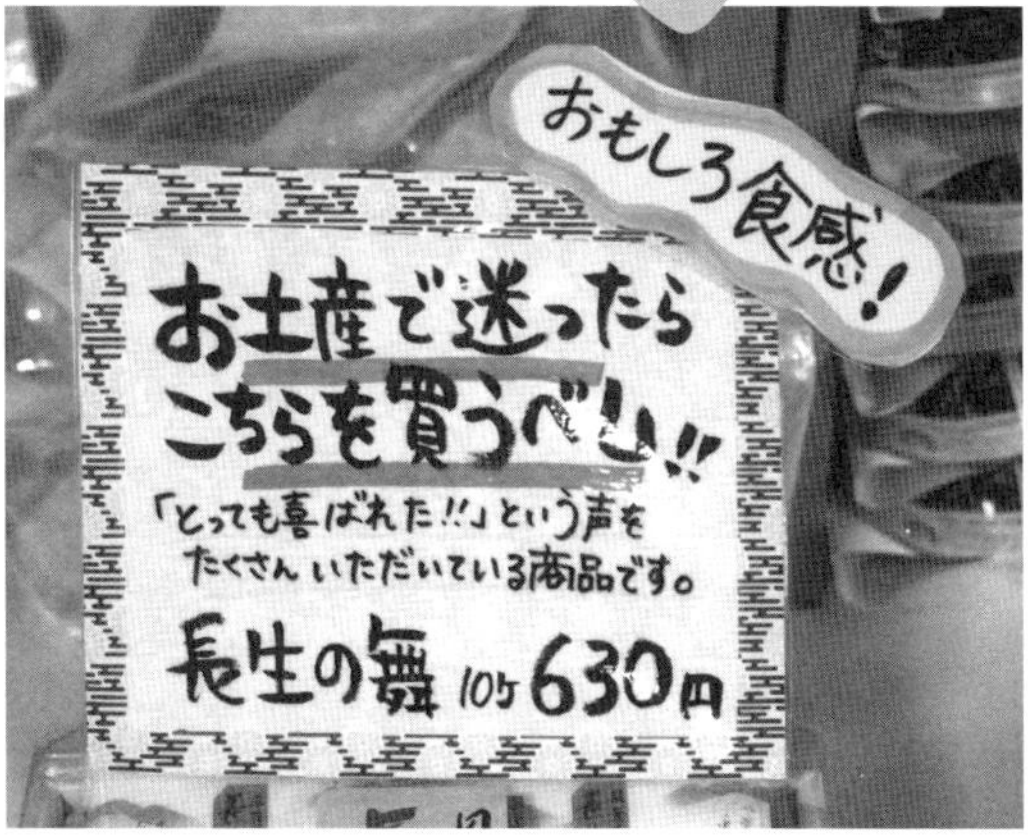

たった一枚のPOPで山積み商品が棚から消えてしまった！

旅館なのに靴を売っている理由を伝えることで説得力が増す

女将の目線、女将の言葉で伝えているPOP。
商品はすぐに完売！

Part 1

5

まさかの売上15倍！続・伝説のPOP

おいしいのになかなか売れないお菓子

ホテルや旅館に行ったときの楽しみの一つといえば、お土産選びですよね。観光からビジネスまで幅広く利用されている山梨県の「湯村ホテル」の売店には、たくさんのお土産品が並んでいます。

これらの中でもスタッフが特におすすめのお菓子がありました。このホテルでしか手に入らない、10年以上も扱い続けている商品で、「このおいしさを知ってほしい」という想いから、お部屋のお茶請けにも出されています。

そんなスタッフの想いとは裏腹に、お菓子は思うように売れません。常連客やファン客は必ず買って行くのに、新規のお客さまにはなかなか選んでもらえませんでした。

うまくいったら応用すべし！

そこで、「不老閣」の売り場で大きな効果を出した、「迷ったらコレ！」でおなじみの「伝説のPOP」を設置。さらに「長年選ばれ続けている3つの理由」を付け加えました。

そして、お茶請けに出していた商品と一緒に、「このお菓子はこのホテルでしか手に入らないもので、1階の売店で買えますよ」という情報を入れた、ご案内POPも設置しました。

その結果、驚くべきことに前年比で15倍も売れるようになり、その効果はPOPを設置して2年以上が経っても続いています。

このように、一度うまくいった販促事例は、どんどん次に応用しましょう。

また、いくらお客さまに食べてもらい、そのおいしさを知ってもらっても、そもそもそれが買えるものなのか、どこで手に入るのかがわからなければ売れません。「おいしい」から「よし、買おう」につながるように、POPを使ってお客さまを導きましょう。

売上げ15倍を達成した実際のPOP

長年選ばれ続けている理由を３つに絞って紹介

スタッフの写真を入れることで、商品への信頼感がアップする

Part2

POPを書くその前に！知っておきたいPOPの基本

Part 2

1 ほとんどのPOPが「順序」で損をしている!?

商品名は後まわし

スーパーやドラッグストア、ホームセンターに飲食店など、街で目にするPOPのほとんどは、【商品名↓説明文↓価格】の順番で書かれています。

中には、一番上に書かれた商品名がさらに目立つように、大きな文字で書いてみたり、フチで囲んでカラフルにしてみたり、影をつけて凝ったデザインにしたものなど、さまざまな工夫がなされています。

でも、実は商品名はそれほど重要ではありません。

商品名を後まわしにする理由とは

当たり前の話ですが、お客さまが来店する目的は、商品を買う（または選ぶ）ためであって、POPを見るためではありません。

だからお客さまは「あ、POPがある！　どれどれ読んでみよう」とわざわざPOPに注目してくれるわけではなく、歩きながらPOPを読みます（「読みます」と書きましたが、POPの前を通りすぎるほんの1秒程度目をやるだけなので、ほぼ「見る」と考えましょう）。

そして、お客さまはこの1秒間で、興味のある情報かどうか、この先もPOPを読もうかどうかを判断します。

その貴重な1秒間の判断材料が商品名というのは、あまりにもったいないのです。

「電動ドライバー」という文字を見て興味を示す人は、あらかじめこの商品が欲しいと思っている人だけで、多くの人は電動ドライバーについて普段から意識しているわけではありません。これでは商品名を見た瞬間に売り場を通りすぎてしまいます。

効果的なPOPを書くためには、商品名は後まわしにしましょう。

それではいったい何から書くべきなのか、次項から詳しく解説していきます。

お店のPOPは大丈夫？ 売り場を見直してみよう！

よくあるもったいないPOPの例

商品名が最上段で最も目立ち、次に説明文が入り、
最後は金額という流れになっている。
しかし、これではあらかじめ商品に興味を持っている人にしか、
POPを読んでもらえない

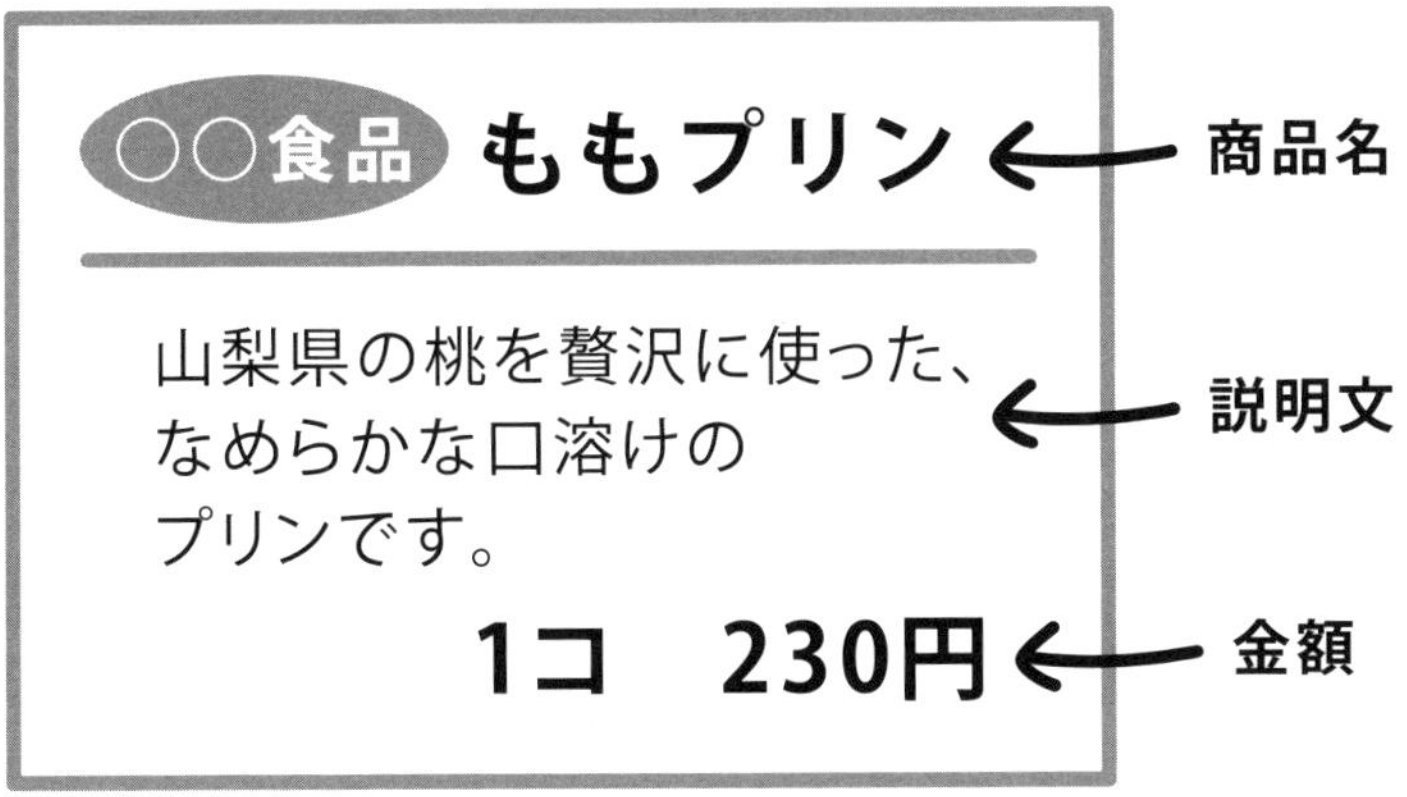

○○食品
ももプリン
商品名
山梨県の桃を贅沢に使った、
なめらかな口溶けの
プリンです。
説明文
1コ　230円
金額

▶お客さまの来店目的はPOPではない！

お客さまはPOPなんて興味ない、ということを前提に、
どうしたら興味を持ってもらえるか考えよう。

Point

▶商品名はそれほど重要ではない

商品名を伝えても、あらかじめその商品が欲しいと
考えている人にしか注目してもらえない。

Part 2

2 1秒でお客さまの心をつかむ言葉とは

商品名よりインパクトのある言葉でつかむ

一瞬で興味を持つのは、商品名よりも「インパクトのある言葉」です。

前項でお伝えした通り、POPには1秒でお客さまの心をつかむことが求められています。そのため、商品名を伝えるよりも、インパクトのある言葉、キャッチコピーを先に伝えたほうが、相手に興味を持ってもらいやすくなるんです！

例えば、左ページのPOPのように「助けて‼」という文字を目にしたら、「え、何だろう？」と続きを読まずにはいられなくなりますね。

キャッチコピーといっても、特別難しく考える必要はありません。この本を読み終わる頃には、自然とPOPに書きたい言葉がいくつも浮かんでくるはずです。せっかく頭に浮かんだ言葉を忘れてしまわないように、ノートとペンを手元に置いて、読み進めてくださいね。

「〇〇社製」vs「ものすごい」

突然ですが、次の場面をイメージしてください。

電車の中で、あなたの左隣に座ったOLが、こんな会話をしています。

「この〇〇社製のボールペンなんだけどね……」

続いて、右隣の女子大生が、こんな会話をし始めました。

「ちょっと聞いてよ！　ものすごいボールペンを見つけちゃったの！　それがね……」

さあ、あなたなら、どちらの会話の続きを聞きたいと思いますか？

きっと、「後者！」と答える方が多いのではないでしょうか。

「欲しい」に変わる情報は商品名ではない！

UV消臭ヘアスプレー
●●●円
うーん、別に必要ないやー
助けて!!
仕事が終わったら
彼とデート なのに…
職場がタバコ臭むんむんー
そんな方にお助けアイテム登場!!
シュシュッと1吹きでタバコや汗の嫌な臭いをカット！
しかも紫外線までカット！
素敵女子の必需品ですな～
ちなみに…スタッフ田中も愛用してます
¥1800-
お!!
何だろう？

いきなり商品名を出しても
「別に必要ないし」「興味ない」で終わってしまうが、
「助けて!!」と言われたら、続きが気になってしまう

Part 2

3 キャッチコピーから始めよう

キャッチコピーのつくり方

1秒で興味を引くキャッチコピーとは、いったいどのようにつくればよいのでしょうか。

例えば、「とろりんプリン」という商品があるとします。

この商品名だけでは興味を引きづらいのですが、「こんな食感初めて！」という文字が真っ先に目に飛び込んできたら、「お、何だろう?」と続きが気になりますよね。

もっと大げさに「31年間生きてきましたが、こんな食感初めて！（レジ担当 増澤）」と書いてあったら、さらに気になりませんか。

キャッチコピーのポイントは、その一言をきっかけに「何だろう?」と、相手に興味を持ってもらうことです。

普段の買い物や会話の最中でも、目や耳に入った瞬間に興味を引きつけられた言葉に注目していくことで、キャッチコピーの引き出しが増えていきますよ。

キャッチコピーがつくれないときは

ところで、キャッチコピーと聞くや否や、「そういうの苦手だから！」と拒否反応を示してしまう方がいますが、どうぞご安心ください。

「コレすごい！」「ココにご注目！」「ご存じですか?」「店長もハマってます！」など、たった一言でもOKです。

「ものすごくいいものを見つけたから、興奮気味に友達に紹介する」というシチュエーションを頭に描きながらPOPに向かってみると、言葉が浮かびやすくなります。

それでも書けないという方は、3章を読めばスッキリ解決できるようになっていますので、続きを読み進めてください。

お、何だろう？　続きが気になるキャッチコピー

まずはマネして書いてみよう

「**大ニュースです!**」という瞬時に興味を引きつけるものや、
「**久しぶりにご飯をおかわりしました!!**」と
ジワジワ興味が湧いてくるキャッチコピーなど、
お客さまを引きつける言葉はさまざま

Part 2

4 お客さまを誘導するシナリオを考えよう

お客さまの気持ちは変化している

インパクトのあるキャッチコピーを見たお客さまは、「お、何だろう」と気になって、ＰＯＰの前で足を止めます。

そして、そのキャッチコピーに続く情報をより詳しく知りたいと考えます。

そこで説明文を読むと「ふむふむ、なるほど！」と納得し、最後に気になる価格をチェックして、買うかどうかを判断します。

このように、１枚のＰＯＰの中でも、お客さまの気持ちは刻々と変化していくのです。

だから、書きたい内容を書きたいように書くのではなく、お客さまの心の動きを想像しながら、小さな紙の中に驚きや疑問、納得、不安の解消、気づきなどの「シナリオ」を入れることで、より効果的なＰＯＰを書くことができるのです。

お客さまの気持ちに寄り添うことが重要

お客さまの気持ちを考えるうえで重要なのは、お客さまの買い物は基本的にネガティブなところから始まるということです。

「別に新しい物を買わなくても、今あるもので十分じゃない？」「買ってもどうせすぐに使わなくなってしまわないかしら？」「私に使いこなせるのかな？」など、不安や疑問を抱えて買い物をスタートするのです。

「こんなにいい商品なんだから、選ばれないわけがないだろう」と考えていたら、お客さまの心に響くＰＯＰを書くことはできません。

お客さまの不安な心に寄り添って、それらを解消して背中を優しく押してあげることが大切なのです。これはＰＯＰに限った話ではなく、普段から心がけていきたいことですね。

お客さまの心の動きを意識しよう！

おっ！
何だろう？？

1枚のPOPの中で、
お客さまの心は
これだけ動く！

ステップ1

キャッチコピーで
興味を引かれる

スタッフも
愛用中!!
見てビックリ！
使ったらもっとビックリ！
今時のカメラってこんなに小さいのに
初心者の私でも、まるでプロ気分で
キレイな写真が撮れちゃうんです!!
○○○カメラ　30,000円

へぇ～、
なるほど！

よし！
買おう♪

ステップ2

説明文を読んで
納得する

ステップ3

値段を見て
買うか決める

Part3

これでもう悩まない！POPコピー集

Part 3

1 質問に答える

どうしてこの商品を売っているの？

ＰＯＰに何を書いたらいいの？　そんなときは、「この商品の前に立ったときに、お客さまはどんな疑問を思い浮かべるのだろう」と想像し、その答えをＰＯＰに書きましょう。

山梨県身延《みのぶ》町にある温泉旅館「古湯坊　源泉館」のお土産売り場の一角に、「八ヶ岳のチーズ倶楽部」が売られていました。

身延と八ヶ岳は同じ山梨県内といえど、まったく別のエリア。お客さまは「なぜ、ここに八ヶ岳のお土産が？」と不思議に思うでしょう。

そこで、この答えをＰＯＰに書くことにしました。

「何で源泉館に八ヶ岳のお土産が？……それは、味見したら美味しかったから!!（単純〜）」

思わず「えっ？」と言ってしまいそうなほど単純なＰＯＰですが、なんと、入荷が間に合わないほど売れに売れたのです！

質問されたことをＰＯＰに書こう

いざＰＯＰを書こうと机に向かうと、肩に力が入ってしまい、何か気のきいたことを書かなくちゃ！　と頭を抱えてしまう方が多いのですが、その心配はいりません。

「どうしてこの商品が店長おすすめなの？」
「上司への贈り物に向いているのはどれ？」
「30代独身女性に人気なのはどちら？」
「初心者でも大丈夫？」
「どうやって使うの？」

など、まずは簡単な質問に答えるＰＯＰから始めてみましょう。

また、１人が考えることは、他の人も同じように考えている可能性が高いので、最近お客さまに質問されたことを思い出して、その答えを書いてみるのも効果的な方法です。

お客さまの「なぜ?」に答えるPOP

このPOPで
入荷が追いつかないほどの
ヒット商品に!

その後、「八ヶ岳チーズ倶楽部」は、富士山の世界遺産登録を記念して
「富士山チーズ倶楽部」に名称変更!　大ピンチと思われたが、
同様のPOPで売上をキープし続けている

Part 3

2

使いどきを提案する

まだ知られていない、使いどきの提案

スーパーマーケットのレモン売り場に設置されたPOPを紹介しましょう。

レモンといえば、通常は果汁を搾ったり、カットして揚げ物に添えたり、〝食べ物〟として使われるのが一般的ですが、このPOPでは「グラスを磨く」という、新しい「使いどき」を提案しています。

こんな新しい使い方を知ったら、思わず試してみたくなりますね。

この他にも、ごく普通のお菓子に**「ドライブに最適！　おいしくて会話が弾みます♪　こぼれにくいのも◎」**と書いたPOPを貼れば、普通のお菓子に「ドライブのお供」という新たな価値がプラスされます。これからドライブに行くお客さまは、高確率で反応してくれるでしょう。

このように、「誰が、いつ、どのようにこの商品を使うのだろうか？」を考えながら、商品の使いどきを伝えていきましょう。

お客さまとの会話の中にヒントあり

ところで、商品をただ売っているだけでは、このような絶妙な使いどきはなかなか見えてきません。そこで、普段からお客さまと、次のような会話をすることを心がけましょう。

「先日お買い上げいただいた○○の調子はいかがですか？」

「どのようなときにお使いいただいていますか？」

お客さまの声に耳を傾けることで、思いがけない魅力的な使いどきを発見することができるのです。

こうした会話は、POPを書くためだけでなく、お客さまの暮らしを知り、自分たちのお店や商品の新たな役割を見出すヒントにもなります。ぜひ、日頃の接客の中にも取り入れていきましょう。

商品の使いどきをピンポイントで紹介

あらっ!!びっくり
レモンの断面に塩をし
グラスをこすり、水洗い
乾燥させると
ピカピカに
皆様の食品スーパー
やまと
産地は商品に記載
レモン
1袋

「グラスを磨く」という、新しい使いどきを提案することで、
新しい価値が生まれる

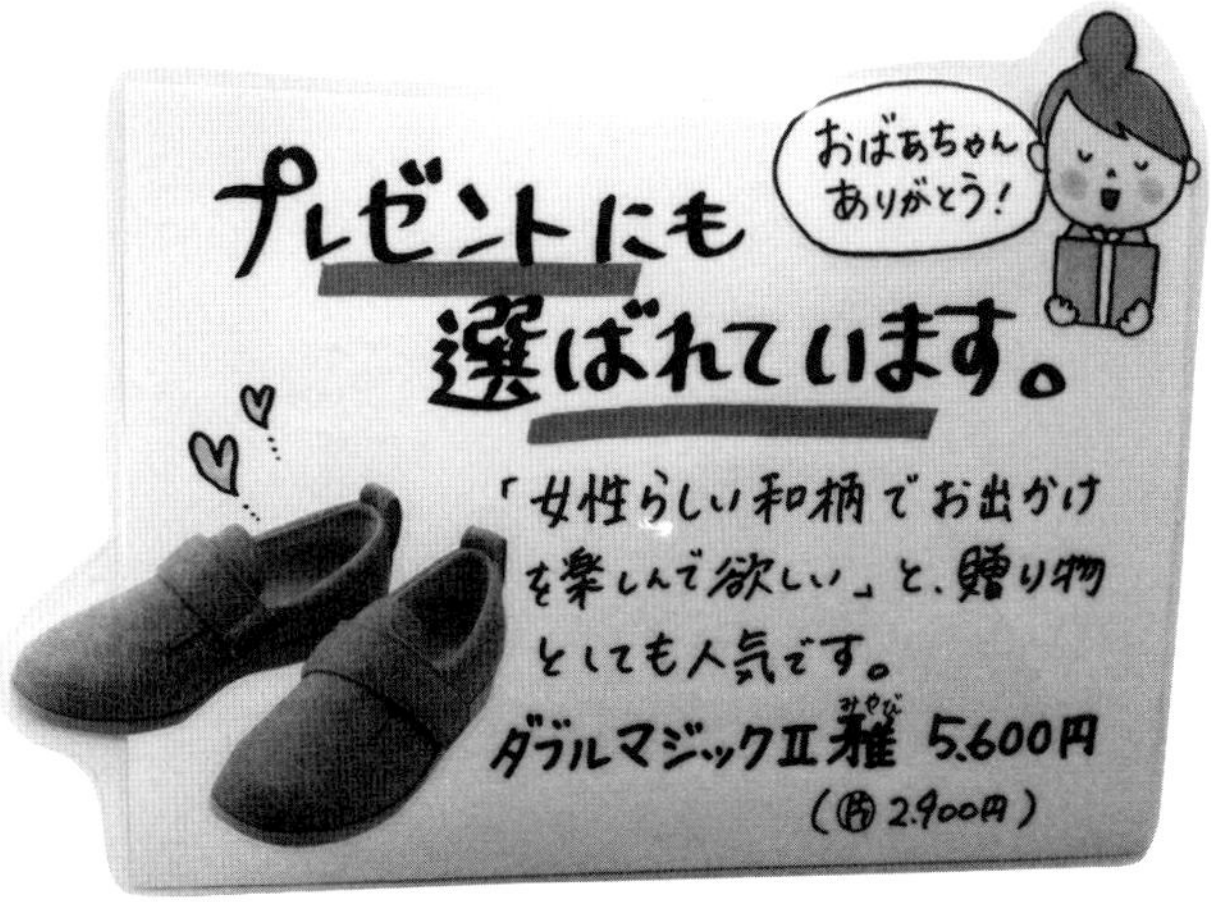
プレゼントにも
選ばれています。
おばあちゃん
ありがとう!
「女性らしい和柄でお出かけを楽しんで欲しい」と、贈り物としても人気です。
ダブルマジックII雅《みやび》 5,600円

おばあちゃん用の靴に設置したPOP。
「プレゼント」という使いどきを示すことで、
直接商品を使う人以外にも買ってもらえるように

Part 3

3 普段の言葉で伝える

宣伝はカッコイイ言葉だらけ

「芳醇な香りが広がります」
「癒しの空間を提供します」
「最高のひとときをあなたに」

いざPOPを書こうとペンを握ると、どうしてもカッコイイ言葉を使わなければいけないような気持になり、気取った言葉を選んでしまいがちです。

ところが、そんなカッコイイ言葉はすぐに宣伝だと見破られて、お客さまに敬遠されてしまいます。

お店の言うことより友達の言葉

例えば、テレビCMの中でタレントが笑顔で「おいしい」と伝えるドレッシングと、仲のいい友達が「この前、コレ買ったらおいしくてリピートしちゃった！」というドレッシングが並んでいた場合、あなたはどちらを選びますか？

――多くの場合、後者を選びますよね。

会社やお店が自分の商品を売りたいと考えるのは当たり前で、あちこちで繰り広げられる宣伝合戦の中、消費者は無意識のうちに「だまされないぞ！」と宣伝を疑い、厳しい目で商品を選んでいます。

一方、友達の場合、商品を買うことに対しての利害関係がないため、「おいしいよ」の言葉を素直に受け取ることができます。

さて、冒頭の話に戻りましょう。

企業やお店は販促物にカッコイイ言葉を使いますが、そうではなく、スタッフが一個人として「ねえねえ、ちょっと聞いてよ！」という感覚でPOPを書くことで、「売りつけられる」という、お客さまの不安を拭うことができます。

カッコつけたい気持ちを一度リセットして、「いい商品だから友達に教えたい」という気持ちで、普段の言葉で伝えましょう。

カッコつけた言葉は
お客さまに響かない！

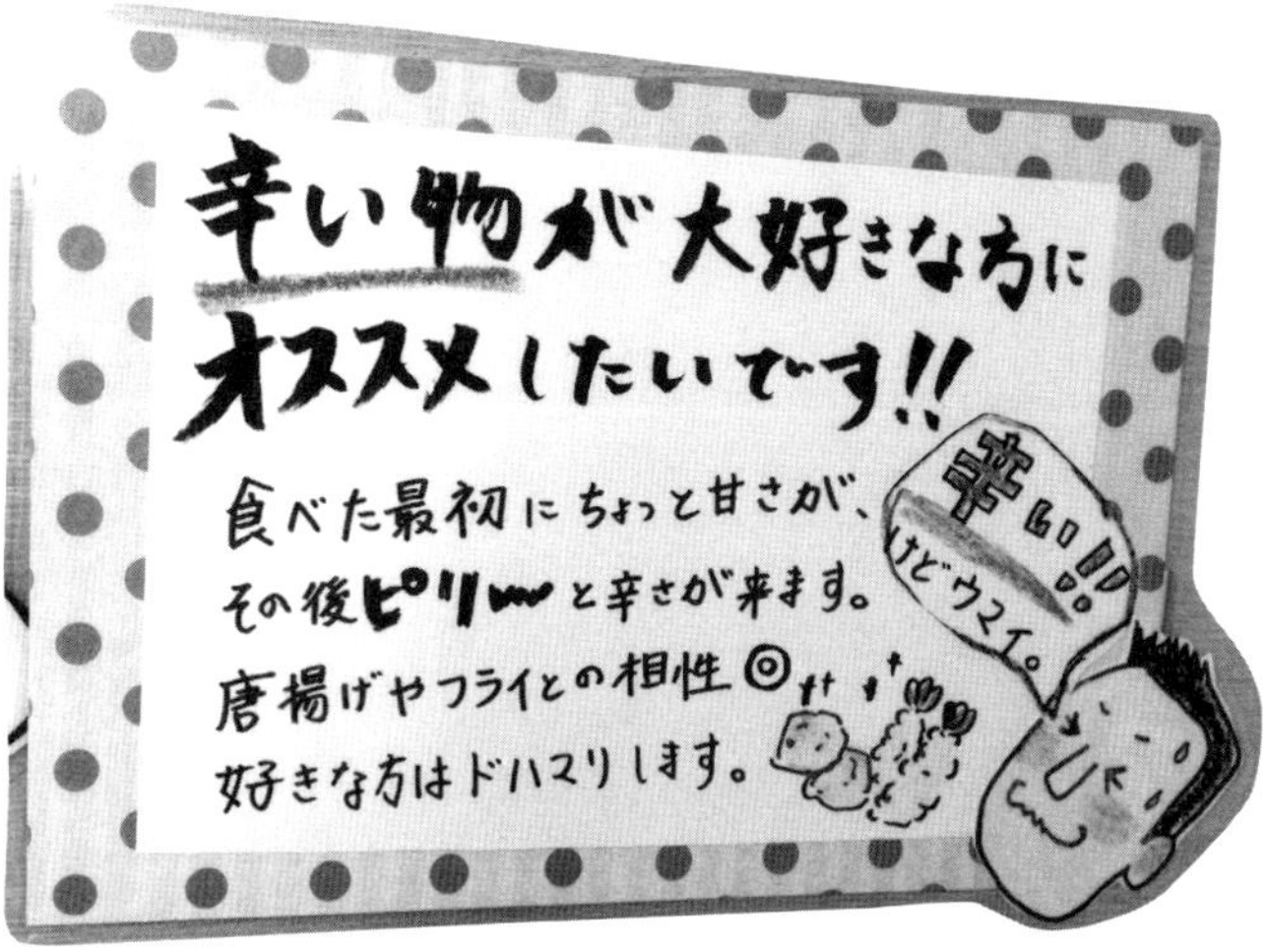
辛い物が大好きな方に
オススメしたいです!!
食べた最初にちょっと甘さが、
その後ピリ〜と辛さが来ます。
唐揚げやフライとの相性◎
好きな方はドハマリします。
辛口!!
けどウマイ。

あ…足が疲れない?!
スタッフも愛用中…
今までになかったNEW靴底!!
・軽くてらくちん。
・やわらかインソールでらくちん。
・インヒール入りでさらにらくちーん。
一度足を入れたらほしくなっちゃうかもっっ?!
¥5,900(税抜)

まるで普段の話し言葉のように書かれたPOPは、
宣伝っぽさを感じさせず、自然と引き込まれる

Part 3

4 ターゲットを絞る

ターゲットは絞るほど相手に響く

街中で「皆さん!」と叫んでも誰も振り向きませんが、「そこの黄色い服を着た女性の方!」と叫べば、黄色い服の女性は高確率で反応してくれます。さらに、相手のフルネームを叫べば、その人は確実に反応してくれます。

お店の販促は、すべてのお客さまに向けて伝えたほうが、たくさんの方が反応してくれると思いがちですが、実はそうではありません。街中で名前を叫ぶのと同様に、ターゲットを絞って伝えたほうが、狙った相手に反応してもらいやすくなるのです。

ローストビーフのターゲットとは?

あるスーパーマーケットで、「今月はローストビーフを売ろう」という話になりました。そこで、「50〜60代の主婦」とターゲットを設定。一見ターゲットが絞られているように思えますが、これではまだまだ足りません。

効果的な販促をするためには、もっともっとターゲットを絞る必要があります。50〜60代の主婦というターゲットは最終的に次のように絞り込まれました。

「旦那の靴下と下着を別に洗濯している、50〜60代の主婦」

いかがでしょうか。このターゲットに向けてどんなPOPを書いたのか、気になりますよね。

このスーパーマーケットでは、**「我が家では夫の出張中に買っています!!」**という、なんともブラックジョークがきいた1枚になりました。

結果は売上3倍!(うれしい結果ですが、旦那さんの気持ちを考えると、ちょっぴり複雑ですね)

ターゲットを絞ることで、お客さまの趣味や嗜好、生活などを細かにイメージすることができるため、狙った相手に対して、より伝わるメッセージを送ることができるのです。

ターゲットはここまで絞ろう

「旦那の靴下と下着を別に洗濯している、50～60代の主婦」をターゲットにしたPOPで売上３倍に!

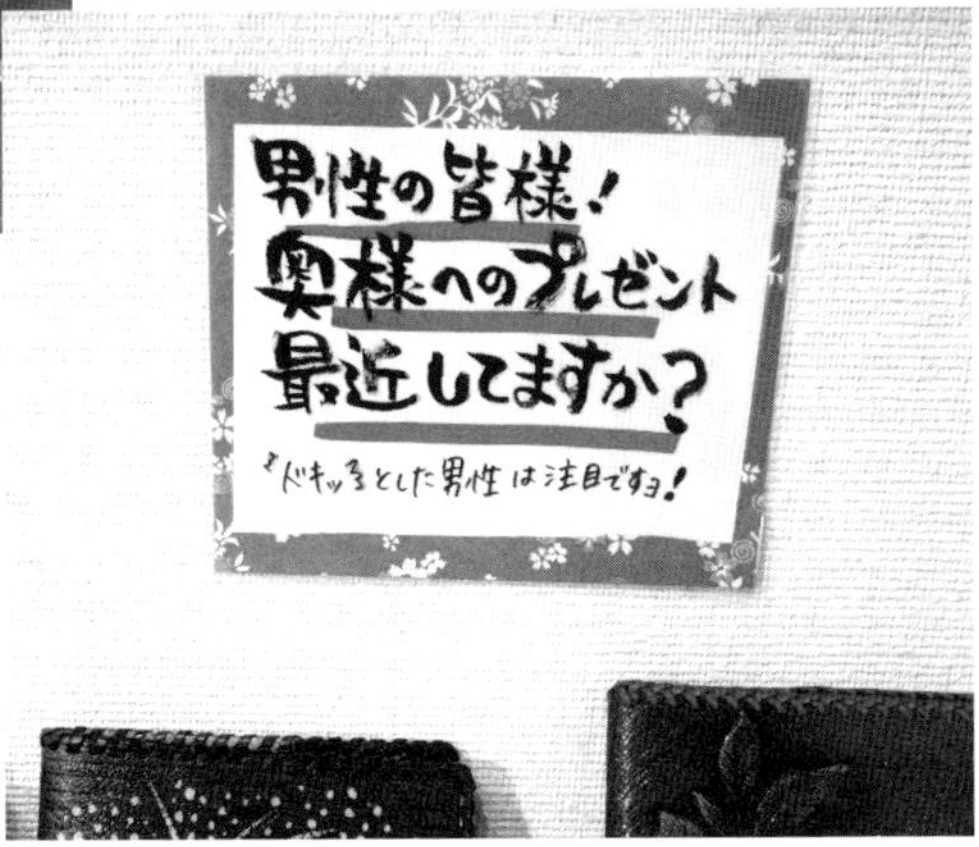

最近奥様に贈り物をしていない男性をターゲットにしたPOP

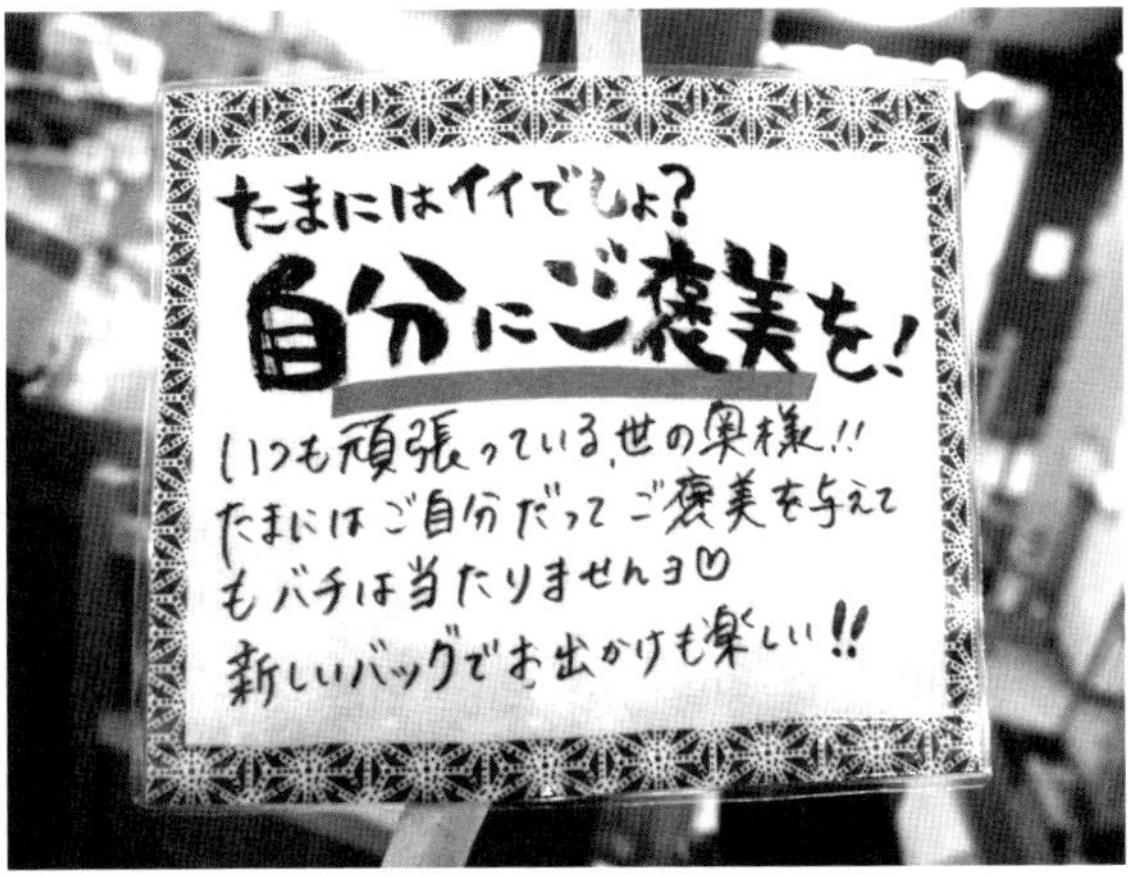

「頑張っているし、これくらいいいよね」という奥さまをターゲットに、"言い訳"をつくって、優しく背中を押すPOP

Part 3

5

その意味を伝える

相手に知ってもらえない限りは「無」

ある家具屋さんでは、店内の1カ所だけスリッパに履き替えなければならない売り場がありました。そこに一言だけ、「スリッパにお履き替えください」と、POPで伝えることにしました。

それを見たお客さまは「面倒臭い」と言ったり、中にはスリッパに履き替えることなく、土足で入り込んでしまったり……。散々な反応でした。

そもそも、なぜこの売り場が土足厳禁なのかというと、「天然木の床の温もりを感じてほしい」というオーナーの想いがあったからです。

想いも魅力も、すべての情報は、相手に伝わって初めて形となって表われます。

逆に言えば、相手に知ってもらえない限り、それは「無」なのです。

せっかくのオーナーの想いも、伝わらなければ、ただの「面倒臭い命令」になってしまいますね。

伝えることで価値が生まれる

そこで、次のようなPOPに書き替えることにしました。

「天然木の床の温もりを体験していただきたいので、スリッパにお履き替えください」

そうすると、これまでのお客さまの反応は嘘のように、喜んでスリッパに履き替えて、商品のよさを実感してくれるようになりました。

これまでは存在しなかった新たな価値が、伝えることによって生まれたのです。

「土足厳禁」「禁煙」「飲食厳禁」「お静かに」……これらは命令のように捉えられがちな言葉ですが、そこにはさまざまな意味や想いがありますよね。

それらをお客さまが喜んで納得してくれる言葉を添えて伝えましょう。きっとお客さまの反応は、「NO」から「YES」に変わるでしょう。

伝え方一つで印象が
ここまで変わる！

伝え方一つで新たな価値が生まれる！
お客さまの反応もNOからYESに変わる！

店内はお静かに
禁　煙
土足厳禁
なんだよー
もう！

へぇー
いいね！
感じてください。
この心地良さ！
•お客様へ•
天然木の床の温もりを
体験していただきたいので、
スリッパにお履き替えください。

Part 3

6

3つにまとめて伝える

情報だらけの今、キャッチしてもらえる発信とは？

今は、情報が溢れている時代です。私たちは常に膨大な情報の中から、興味あるものだけを拾い上げています。

「いかに短い時間でいい情報をキャッチできそうか？」という点も、選ばれる情報を発信するための重要な要素です。

そんな今の時代にピッタリのキャッチコピーがあります。それが、「〇〇のための3つの方法」です。

好まれるのは効率的に情報が得られること

書店に並んでいる本を見てみましょう。さまざまなタイトルがありますが、その中で「〇〇のための3つの習慣」「〇〇になれる3の秘訣」といったものをよく目にしませんか？

これはPOPのキャッチコピーとして使っても効果的なんです。

「3つ」と要点が絞られているため、短時間で理解することができそうだということが、キャッチコピーを見ただけでわかりますね。

例えば「売れるPOPを書くための3つのポイント」と言われた場合、この3つさえ押さえれば売れるPOPが書けるんだ、という安心感がありますね。

どこまで続くかわからない話を延々と聞かされたら、不安になって内容に集中できません。「ここだけ読めばOK」という安心感が、集中力を高めるのです。

さらに、3つに絞って伝える方法は、発信側にとっても「情報を整理しやすくなる」というメリットがあります。

「この商品が働く30代女性に選ばれている3つの理由」
「この商品に隠された3つのすごい秘密」
「お土産選びで後悔しないための3つのポイント」

というように、ポイントを絞ってお客さまの興味を引くPOPを書きましょう。

要点を3つに絞ると
伝わりやすくなる

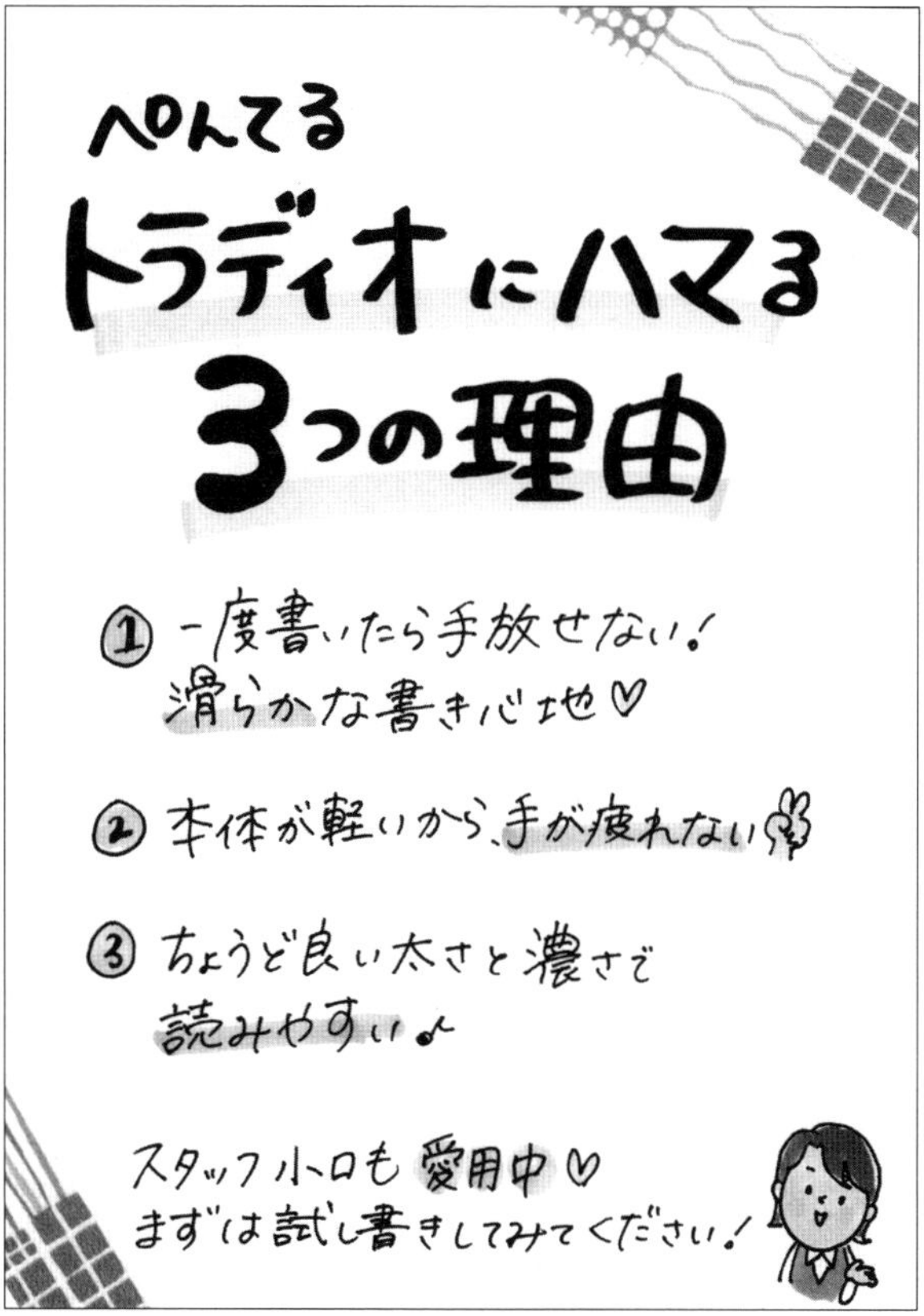
ぺんてる
トラディオにハマる
3つの理由
① 一度書いたら手放せない!
滑らかな書き心地♡
② 本体が軽いから、手が疲れない
③ ちょうど良い太さと濃さで
読みやすい♪
スタッフ小口も愛用中♡
まずは試し書きしてみてください!

この他にも!

・○○シャンプーをスタッフ全員が愛用している３つのワケ
・このカメラを120%使いこなす３つのテクニック
・家族みんなが笑顔になる今夜のおかず３選
・入学式までに揃えておきたい３つのアイテム
・この掃除機が一番売れている３つの理由

Part 3

7 それがある生活を描く

それによって誰の生活がどうよくなる？

いくら「材料に◯◯を使っています」とか「◯◯搭載」といっても、残念ながらお客さまにそのよさは伝わりません。

お客さまは、新しい掃除機を「従来の3倍のパワー」だとか、「超軽量」という理由で買うのではありません。

まずは、「超軽量の掃除機を買うのは誰か？」を想像してみましょう。

腰が痛くて力もないおばあちゃんは、今よりも楽に掃除ができるように選んでくれそうですね。

次に、「静かな掃除機を買うのは誰か？」を思い描いてみましょう。

アパート暮らしや、仕事が忙しくて夜中しか行動できない人など、近隣に対して騒音が気になる人は、安心して掃除ができるように、音が静かな掃除機を選んでくれそうですね。

「それがある生活」を想像させる

例えば、素敵な食器のPOPを書くとしたら、この食器がどんな素材でつくられているのかよりも、「この食器が食卓に存在することによって、どんな素晴らしいことが起こるのか」を伝えましょう。

「お友達を呼びたくなる!!」

この一言で、この食器を使う自分や、「素敵！」と盛り上がる様子など、この食器のある風景を思い描くことができますね。

「豊かな朝が始まるお皿」

木のトレーに、こんなPOPを設置するなど、前向きな生活をイメージできるものがよいでしょう。

ポイントは、「誰の生活が、どのようによくなるのか？」をイメージすること。お客さまが、「その商品がある生活」のイメージを描けるレベルまで明確に伝えるようにしましょう。

この商品が生活の中にあったら幸せ！を描く

この商品を手に入れることによって、自分の生活がどのようによくなるのか、その場面を思い描けるように伝える

Part 3

8 ランキングで伝える

絞ったランキングで伝える

商品に注目してもらったり、選んでもらったりするために、ランキングの活用は有効です。

「人気ランキング」「おすすめランキング」といった定番のランキングでもいいのですが、3章4項の「ターゲットを絞る」で説明した通り、ランキングも絞って伝えたほうが効果的です。

例えば、「50～60代女性に人気ランキング」「30代ビジネスマンに人気ランキング」といったように、ターゲットを絞ったランキングは、絞られたエリアに該当するお客さまの関心をより強く引くことができます。

また、「1000円以内のプレゼントとして選ばれているものランキング」のように、シチュエーションを絞ったものもいいですね。

レジ前ランキングで最後の一押し

あるお土産物店では、「家族へのお土産に選ばれているものランキング」をPOPにしてレジ台に設置したところ、ベスト3までの商品の売上が大幅にアップしました。

その際に注意しておきたいポイントは、一度レジに並んだお客さまは、再度売り場へは戻りたくないと考えている、ということ。ランキングの中で紹介した商品は、レジ台の裏にいくつかストックしておきましょう。

そして、ランキングの一番下には**「ランキングの商品はレジにご用意してありますので、お気軽にお声がけください」**と書いておくと親切です。

このように、POPを設置したら終了というのではなく、お客さまの立場で〝買いやすさ〟を考えることが重要です。

そのために、お客さま役とスタッフ役に分かれて、買い物の場面を再現してみる「ロールプレイング」を社内研修などで取り入れるのも効果的です。きっとさまざまなヒントが得られるでしょう。

ランキングがあると選びやすい！

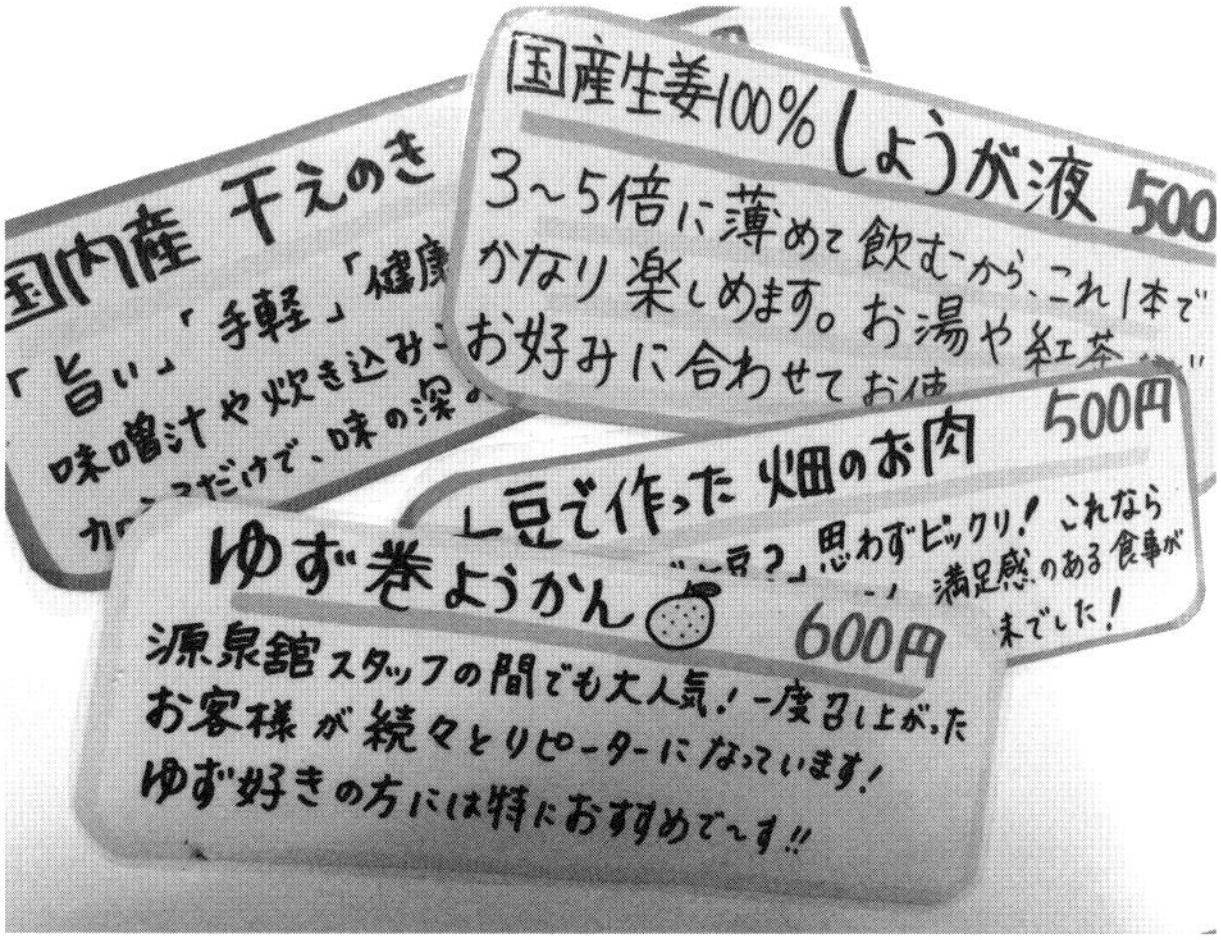

常に最新のランキングを伝えられるように、
順位を差し替えやすい方法にしておくことも重要

Part 3

9

次の行動を促す

店の当たり前 ≠ お客さまの当たり前

ＰＯＰの役割は商品を買ってもらいやすくすることだけではありません。お客さまからスタッフに声をかけやすくする効果もあるのです。

「売り場にない商品は取り寄せます」「コーディネートのご相談に乗ります」といった情報は、店側が当たり前だと思っていても、お客さまにとっては当たり前ではありません。探していた商品が売り場になければあきらめるし、着方のわからない服は買おうとは思わないのです。

困ったことやわからないことをスタッフに質問しようかどうか迷ったあげく、何も言わずに帰ってしまうお客さまや、そもそも声をかけるという発想自体がないお客さまがほとんどです。

そこで、これらの情報は左ページに載っているような「お気軽にＰＯＰ」を使って伝えていきましょう。

五感を刺激して行動につなげる

また、商品を外から眺めるだけではなく、直接肌で触れたり、香りを嗅いでみたりなど、五感を使うことで魅力を知ることができる商品には、このように次の行動を促すＰＯＰを書いてみましょう。

「まずは触ってみてください！　この肌触りにハマるお客さま続出中♡」

「疲れが溜まっている方へ、ここで5秒だけ足を止めて深呼吸してください！　リラックスできる天然アロマを体験していただけます」

五感からその商品の魅力を知ってもらうことで、購買につながりやすくなります。

また、スタッフがピッタリ張りついて接客されることに抵抗を感じるお客さまには、スタッフの代わりにＰＯＰが接客してくれるので、実際に商品に触れて体験することで、その便利さを知ることができるショウルームや住宅展示場などはＰＯＰとの相性が抜群です。

POPを見た後に行動したくなる言葉を入れる

親切な人柄が伝わってくる
スーパーマーケットのPOPは、
お客さまとの関係性構築にも
一役買ってくれる

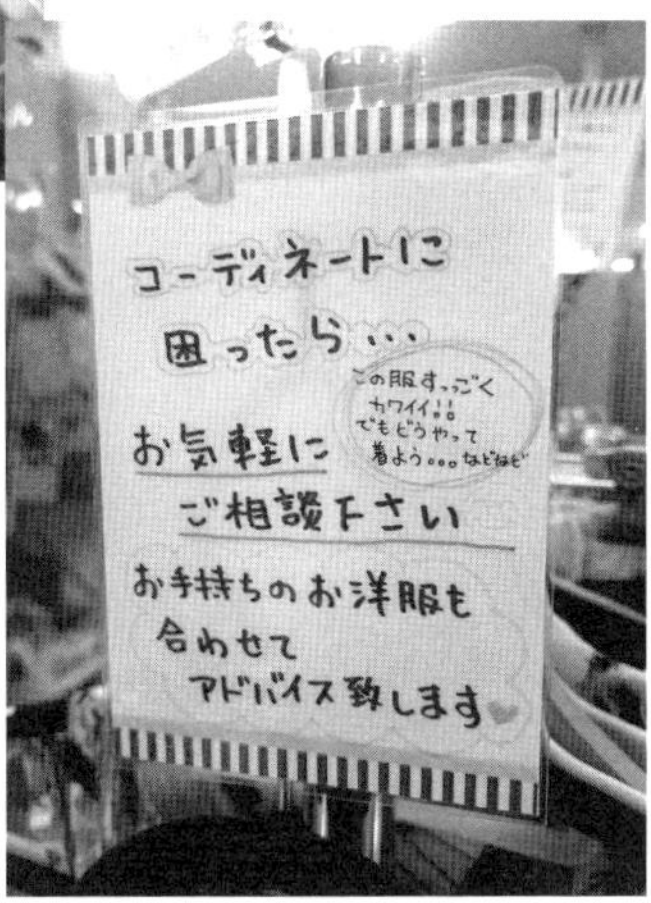

「この服すっごくカワイイ!!
でもどうやって着よう」
このように、どんなことを相談したら
いいのか、具体的に書くことで
声をかけやすくなる

「両手で触れてみてください」と書くことで、
手づくりの商品が持つ温かみを伝えているPOP

Part 3

10

季節感を出す

季節感の演出で購買意欲が上がる

春先のスーパーマーケットで、桜が飾られた売り場を目にした瞬間に、買う予定ではなかった和菓子を買ってしまった、という経験はありませんか？

季節感を出すことも、購買意欲をくすぐる方法の一つです。

「春は出会いの季節！　新しい髪型で新しい出会いの準備をしましょう」

「いよいよ暑くなってきましたね！　ビールのお供に枝豆がおすすめです」

「食欲の秋に備えて、無理のない運動を始めませんか？」

「冬を幸せに過ごす、あったかお部屋グッズ集めました！」

このように、季節感満載のＰＯＰにチャレンジしてみましょう。

四季を通じてＰＯＰも変化

同じ商品でも、季節によって訴求方法が変わってきます。

ミネラルウォーターを例に考えてみましょう。

春：春といえば和菓子、和菓子といえばお茶！　ミネラルウォーターを使えば、いつもよりおいしいお茶が楽しめます！

夏：暑〜い夏は熱中症にご注意！　こまめな水分補給を心がけましょう！

秋：新米の秋こそ試したい！　ミネラルウォーターでお米を炊けばツヤピカご飯が食べられる！

冬：冷え冷え〜な冬の季節は、ミネラルウォーターでいれた特別なお茶で、心も身体もポカポカに！

この他にも、簡単にＰＯＰの衣替えを行なう方法を、５章１項で紹介していますので、そちらも参考にしてくださいね。

購買意欲をくすぐる季節感を出そう

季節感を出すことで「欲しい」という気持ちが
盛り上がる

同じ商品でも季節によって訴求方法が変わる

Part4

POPが目立つ！簡単テクニック

Part 4

1 たった30秒でPOPが目立つ！2本ライン活用術

せっかく効果的な内容が書けたとしても、POPが目立たず、誰にも見てもらえなければ意味がありません。そこで、誰でもたった30秒で目立つPOPに変身させることができるワザを紹介しましょう！

①まずはPOPのフチにラインを入れてみましょう。これだけで少しPOPが浮き上がってきましたね。

②続いて、キャッチコピーの下にラインを入れます。このとき、キャッチコピーの黒い文字と同化しないように、赤やオレンジ、黄色などの色を使いましょう。

いかがでしょうか。フチをつけて、キャッチコピーの下にラインを入れただけで、一気に目立つPOPができあがりました！　慣れてしまえば、たった30秒でできるワザなので、ぜひマスターしてくださいね。

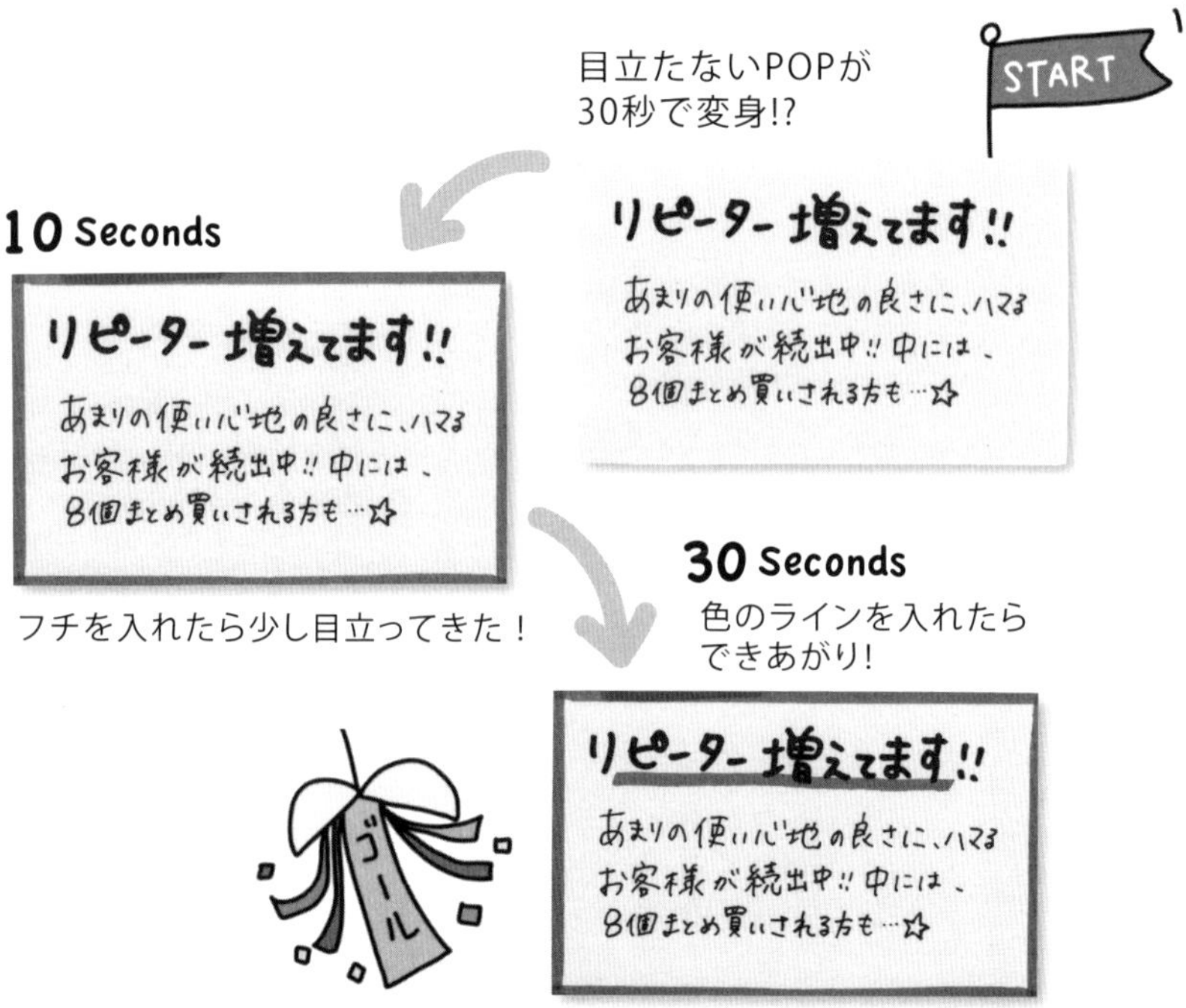
START
目立たないPOPが
30秒で変身!?
リピーター増えてます!!
あまりの使い心地の良さに、ハマる
お客様が続出中!! 中には、
8個まとめ買いされる方も…☆
10 Seconds
リピーター増えてます!!
あまりの使い心地の良さに、ハマる
お客様が続出中!! 中には、
8個まとめ買いされる方も…☆
フチを入れたら少し目立ってきた！
30 Seconds
色のラインを入れたら
できあがり!
リピーター増えてます!!
あまりの使い心地の良さに、ハマる
お客様が続出中!! 中には、
8個まとめ買いされる方も…☆
ゴール

道具を使ってかわいくアレンジしよう！

フチにラインを引く代わりに、マスキングテープや柄折り紙を活用すれば、かわいさワンランク上のPOPが手軽につくれます♪

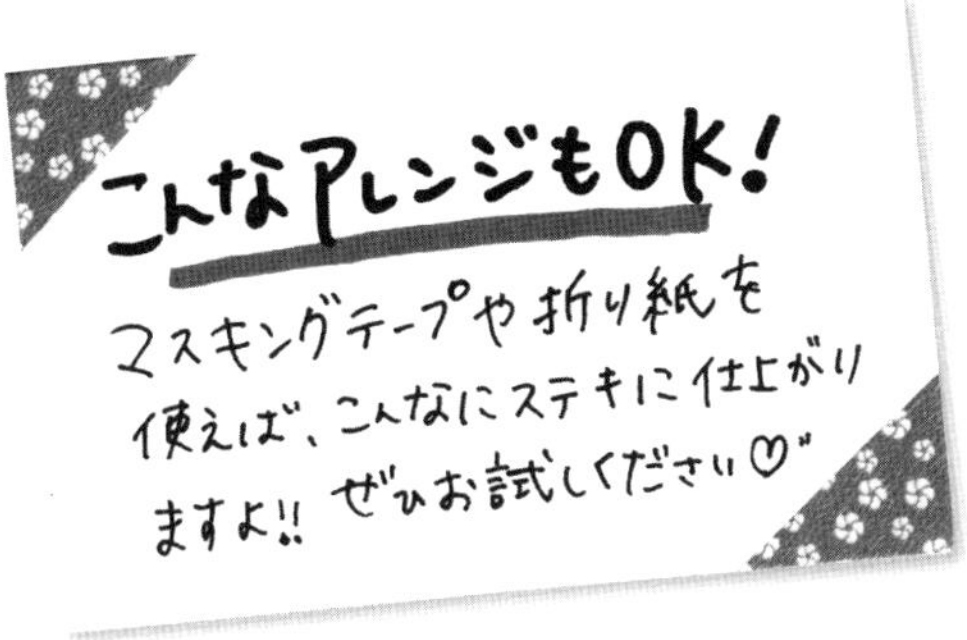
こんなアレンジもOK！
マスキングテープや折り紙を使えば、こんなにステキに仕上がりますよ!! ぜひお試しください♡

四隅や四方に貼るより
対角・上下・左右に
貼ったほうがいい感じ♪

柄折り紙を
活用してもGood★

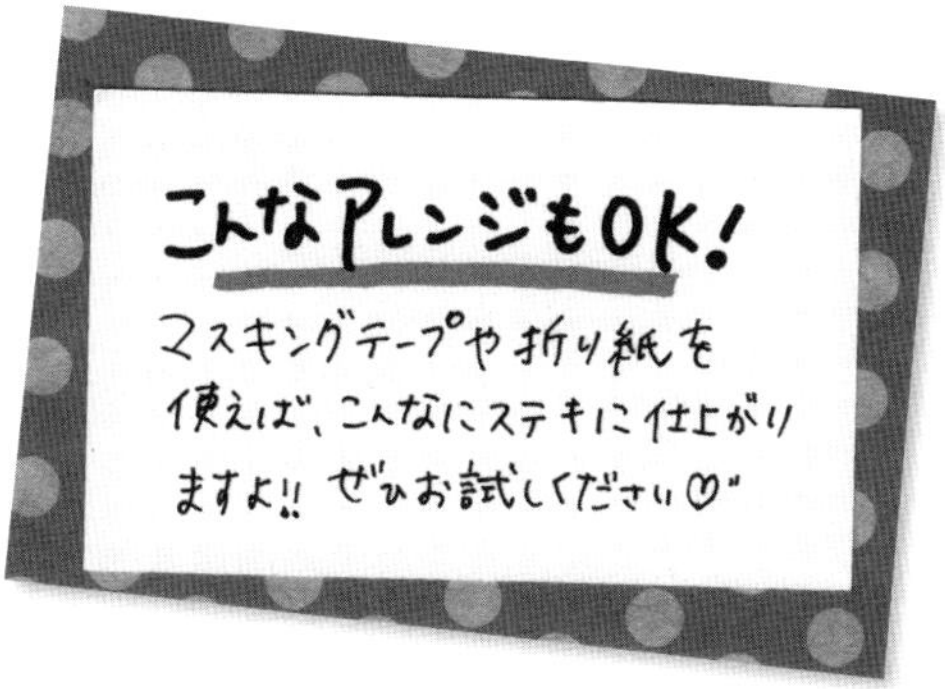
こんなアレンジもOK！
マスキングテープや折り紙を使えば、こんなにステキに仕上がりますよ!! ぜひお試しください♡

教えて！

POPに使える！ マスキングテープの選び方

文具店や雑貨屋さんに行くと、さまざまな種類のマスキングテープが売られていますが、イラスト入りよりも、無地や柄物（水玉・ストライプ・チェック・和柄など）を選んだほうが、POPとうまくマッチします。
クリスマスには赤×緑×ゴールドを組み合わせるなど、マスキングテープを何本か重ねて使ってみても楽しめます！ 詳しくは巻頭カラーページをご覧ください。

Part 4

2

こんなPOPには気をつけよう！

ラインの入れすぎはNG

いくらラインを入れることでPOPを目立たせられるといっても、あちこちにラインを入れすぎると全体的にゴチャゴチャしてしまい、読みづらくなるので注意が必要です。

POPに書かれている内容を読んでもらうことで、初めて商品の魅力を伝えることができます。

確かに目立たせることは重要ですが、読みやすさを最優先に考えましょう。お客さまはPOPを読むことにストレスを感じると、その先を読もうとはしてくれません。

また、POPを通りすぎる1秒間でお客さまの興味を引くことが求められるため（2章2項を参照）、キャッチコピーだけにアンダーラインを引くようにして、まずはこの部分を強調して、読んでもらえるように心がけましょう。

色の使いすぎはNG

また、POPを目立たせたいからといって、文字をカラフルにしてしまうと、目がチカチカして読みづらいし、どこが重要な部分なのかが瞬時に伝わらなくなってしまいます。

用紙の色にもよりますが、基本的に文字は黒1色が読みやすいです。できるだけ文字に色を使わないようにしましょう。

たとえ文字が黒1色でも、POPの中にイラストや写真などを入れたり、フチに柄や色を入れたりすることで、十分明るく楽しいPOPをつくることができます。

また、キャッチコピーや重要なポイントなど、POPの中で強調したい部分があれば、色を使うのではなく、文字の太さや大きさでメリハリをつけて伝えましょう。そのほうが注目されやすく、POP全体のバランスもよくなりますよ。

何ごともやりすぎには
注意が必要！

ご注意!!
ラインを入れすぎると、読み
づらくなってしまいます。
注意しましょうね。

ラインを入れすぎると、ゴチャゴチャした印象に……

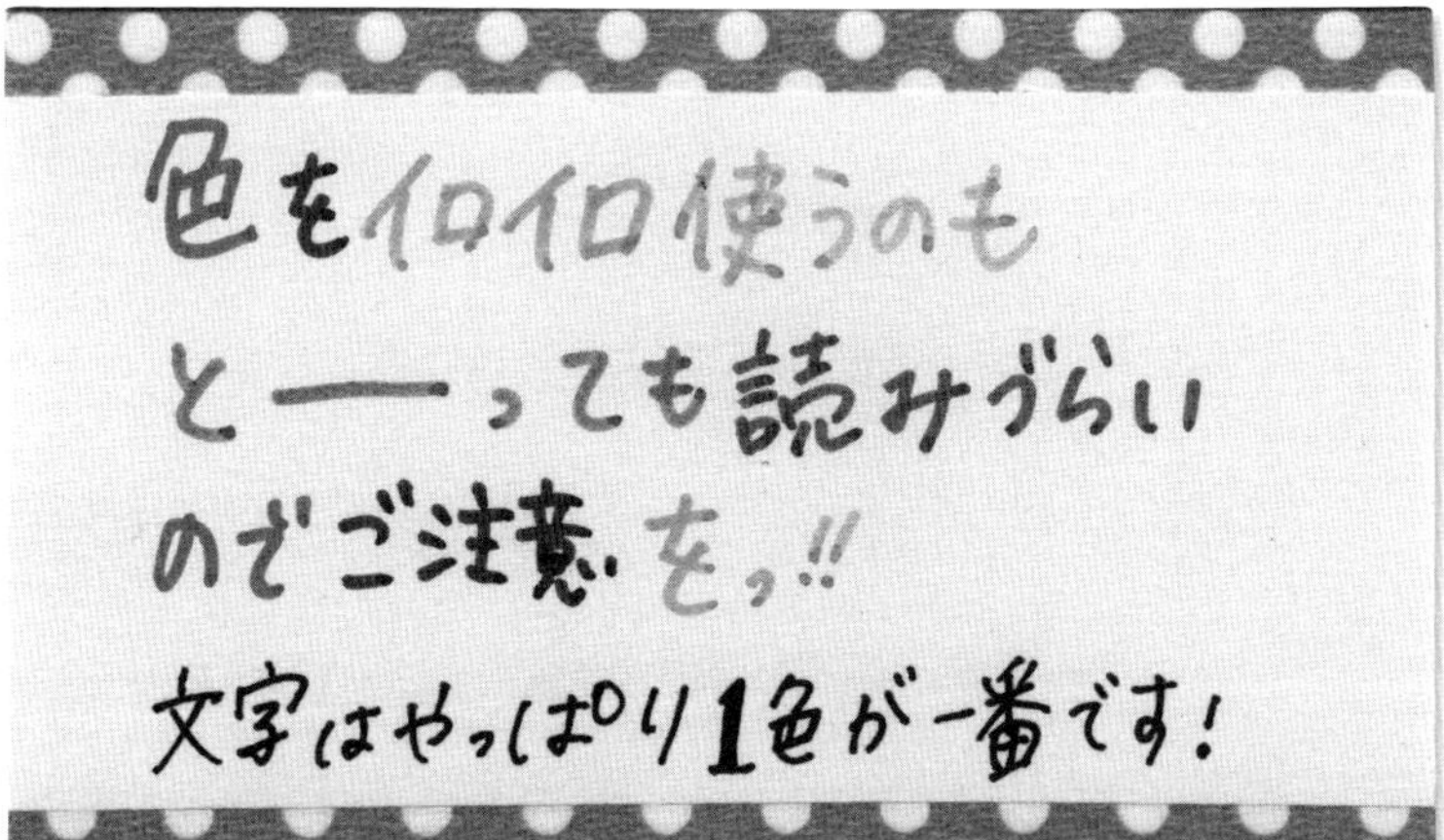
色をイロイロ使うのも
と──っても読みづらい
のでご注意をっ!!
文字はやっぱり1色が一番です！

文字をカラフルにしてしまうと、
読みづらいうえ、どれが重要な部分なのかわからなくなる

Part 4

3

使わないと損！ POPと相性抜群のふきだし

簡単なのに目を引く！　ふきだしを活用しよう

「このPOP、何かが足りない……」

完成したPOPに物足りなさを感じたときは、ふきだしの出番です！　ふきだしをプラスすると、POPの楽しさや目立ち度がアップします。

ただし、ふきだし内の言葉が長すぎると、くどい印象になってしまうので、文章よりも「ご注目」「驚き！」「コレすごい！」など、一言だけにしましょう。たった一言添えるだけでも十分目立たせてくれるのが、ふきだしのいいところです。

もし、商品の特徴や魅力など、伝えたい情報がたくさんある場合は、「軽い」「バッグの中にスッポリ！」「お子さまにも安心」「らくらく操作」といったように、特徴や魅力1つにつき、1枚のふきだしをつくりましょう。

魅力が書かれた、たくさんのふきだしがPOPについていることでインパクトがアップし、〝パッと見〟で魅力の多さが伝わります。

たくさんのふきだしに悩みを書き出してPOPに貼り、「そんなお悩みはコチラにおまかせ」と、商品を紹介するのも効果的です。

ふきだしの描き方と内容

ところで、ふきだしがうまく描けないという方は、ふきだし口から先に描いてみましょう。このほうがうまくバランスが取れます。

また、ふきだし自体に色をつけるよりも、白い紙にしっかりした黒い太線でふきだしを描いたほうが、POPと組み合わせたときに目立ちます。POPに貼る際は、POPからはみ出すようにつけてみましょう。

ちなみに、ふきだしにもいろいろな種類があるので、左ページの例を参考に、ピッタリ合うものをつくってみましょう。

ふきだしって こんなに便利！

パッと見でも、ふきだしの数で
魅力が多いことを伝えることができる

伝えたい内容によってふきだしを使い分けよう！

迷ったらこれ！
定番のふきだし「丸形」

（例）

- ・ご注目
- ・人気No. 1
- ・ようやく入荷できました
- ・今、一番選ばれています
- ・リピーター急増中

勢いや衝撃を伝える
「ギザギザ」

（例）

- ・速報
- ・緊急事態発生！
- ・大変です！
- ・ニュース
- ・期間限定

心の声を表わす
「ふわふわ」

（例）

- ・幸せ♡
- ・気持ちいい
- ・○○してよかった
- ・○○だったらいいのになぁ〜！

Part 4

4 イラスト&写真で目立ってわかりやすく!

イメージしやすさは「欲しい」につながる

文字だけでは面白みのないPOPを、楽しく変えてくれるのがイラストや写真です。イラストは描き方も含めて8章で詳しく紹介するので、ここでは写真の活用方法について説明しますね。

写真の役割は、POPを目立たせることだけではありません。文字だけでは「この商品やサービスを利用するとどうなるのか?」が考えづらいのですが、ここに写真が入ることで、「商品のある生活」を簡単にイメージすることができます。

例えば、お店で大きなお皿が売られていても、一人暮らしのお客さまは「こんな大きなお皿は必要ない」と感じます。

そこで「大皿ってキャンバスみたい! サラダや小皿を乗せて、盛りつけが自由に楽しめます」と書いたPOPを設置してみることにします。

実際にこのような大皿の使い方を見たことのある方なら、その様子を思い浮かべることができますが、誰もがイメージできるわけではありません。

そこで、実際に大皿の上にサラダやおにぎり、小皿などが乗った写真を1枚POPに貼るだけで、「この大皿がある素敵な生活」を多くの人が思い描けるようになります。

見えることで安心につながる

美容室、エステサロン、カルチャースクール、塾、クリニックなど、サービスを受ける空間やスタッフの雰囲気が購入の決め手になる業種は、写真を積極的に活用しましょう。

施設内はどんな雰囲気なのか、実際にどんなスタッフが担当してくれるのかなど、見えない不安を解消する写真が掲載されていれば、お客さまは安心して商品やサービスを選ぶことができ、さらにミスマッチを防ぐことにもつながります。

写真1枚でイメージしやすいPOPに

実際に商品を使用した際の写真をPOPに貼ることで、
イメージしやすくなる

「この商品のある生活」を思い浮かべることによって「欲しい」は
生まれる

Part 4
5
身のまわりの◯◯がPOPパーツに大変身！

パンフレットは誰もが見てくれる販促物ではない

ここに、通気性のよさが売りの靴があります。この商品の売り場に置かれたパンフレットには、どれほど通気性に優れているのか、商品の写真や文章、通気性のテスト結果の図表などで詳しく紹介されています。

これらをじっくり読みさえすれば、商品のよさを知ることができ、商品に興味を持つことができるのですが、そもそも商品を知らない人や、たまたま売り場を通りかかっただけの人は、そこにあるパンフレットを手に取って、読んでみようとは思いません。

通りすがりの人でも見てくれるPOP

一方、通りすがりの人の目に飛び込み、これまで商品の存在すら知らなかったお客さまに、興味の種を植えつけることができるのがPOPの強みです。

開いてみなければ商品の魅力が伝わらないパンフレットの代わりに、POPで伝えましょう。

キャッチコピーや魅力を伝える説明文を書いたら、最後の仕上げとして、パンフレットに掲載されている商品写真や図表などを切り抜いて、POPにペタペタと貼ってみましょう。

写真が入ることによって、見違えるようにPOPが目立つようになります。

POPだけで完結しなくてもOK

ところで、何ページにもわたって、商品のよさを紹介しているパンフレットとは違い、POPではごくわずかな情報しか伝えることができません。

そこで、POPの最後に「もっと詳しく知りたい方は、こちらのパンフレットをご自由にお持ちください」といった一言を入れ、パンフレットへの誘導を忘れずに行ないましょう。

販促は単品で考えるより、いくつもの販促物をつなげて考えたほうが効果的です。

既存の販促物をPOPに加工しよう

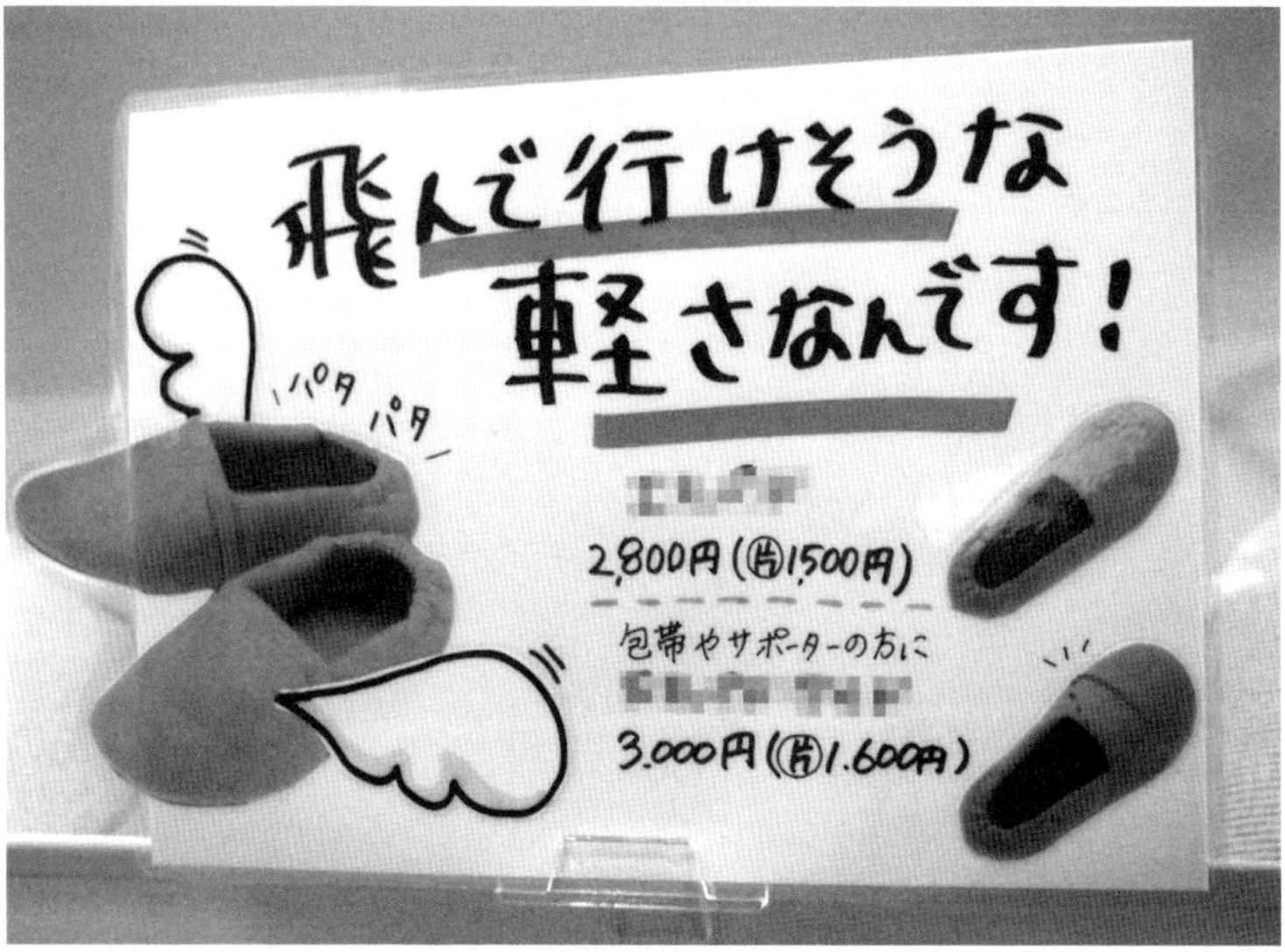

実際に商品に興味を持った人でないと、パンフレットやカタログは開いてもらえないが、写真を切り抜いてPOPに貼ることで、初めて見るお客さまに注目してもらうことができる

Part 4

6 販促物に使える！人物写真の撮り方と活用術

顔が入れば目立つうえ、関係性もアップする！

何気なく街の選挙ポスターに目がいったり、何かの模様や景色が人の顔に見えてハッとしたり、そんな経験はありませんか？

「人の顔」に反応しやすいという、私たち人間の習性を活かし、ＰＯＰの中に人の顔を入れることで、目を引きやすくすることができます。

しかも、スタッフの写真を使えば、「○○さんがおすすめのプリン、すごくおいしかったよ！」などの会話に発展しやすく、お客さまと仲良くなれるというう

れしい変化も起こります。

そこで、ＰＯＰだけではなく、チラシ・パンフレット・ウェブサイト・ブログ・名刺など、あらゆる販促物で使える人物写真の撮り方を伝授します！

恥ずかしさを軽減して自然な笑顔を撮るコツ

撮影する際、モデルとカメラマンが一対一では、恥ずかしがって引きつった笑顔になってしまうし、撮影がスムーズに進みません。

そこで、３～５人のスタッフを横一列に並ばせ、みんなに同じポーズをしてもらいましょう。こうすることで、個々の緊張感がやわらぐのでおすすめです。撮れた写真の中から、それぞれのスタッフのいい表情を切り取って使いましょう。

また、ムードメーカー的なスタッフがいれば、カメラを持つ人の後ろに立たせ、モデルと会話をしてもらいましょう。モデルが笑った瞬間を狙えば、自然な笑顔を撮ることができます。

何十枚、何百枚の写真の中から、最高の１枚を選ぶような感覚で、もったいぶらずにシャッターをパシャパシャと切るのがポイントです。

表情やポーズは大げさなくらいがちょうどいいので、場を盛り上げながらオーバーアクションの写真を撮りましょう。

販促物に使える！ 5つのポーズ

①「ご存じですか」ポーズ

眉と口角を上げ、自信に満ちた笑顔で撮影しましょう。
指は顔から離すより、顔に近づけたほうが販促物に使いやすくなります。

こんな販促に！

・プロとしての専門知識を伝える
「ご存じですか？」

「スタッフ○○のワンポイントアドバイス」
・連絡先などのご案内
「こちらまで、お気軽にご相談ください」

②うっとりポーズ

幸せそうな笑顔で目を閉じ、顔を少し上に向けて、
両手で頬を包み込むようにすれば「うっとりポーズ」のできあがりです！

こんな販促に！

・幸せを伝える
「この商品にハマってます♡」
「ウットリする使い心地」
・気持ちを伝える
「幸せ～」「夢みたい」

③耳寄り情報ポーズ

両手を口元に添えて、遠くに向かって「お〜い！」と叫ぶ様子をイメージして撮影しましょう。

こんな販促に！

・耳より情報を伝える
「すごい○○が登場しました」「今だけです」
・相手を呼ぶ
「そこの奥さん、ご注目くださ〜い」

「○○好きには見逃せません！」

④指差しポーズ

その先に商品があることをイメージしながら指差しポーズをしましょう。上下左右それぞれの方向を指差す写真を撮れば、使いどころも広がります。

こんな販促に！

・商品を紹介する
「もちろん僕も愛用中」「人気No.１」
・要点を伝える
「ココがポイント」「宛先はコチラ」

⑤○×ポーズ

手で○や×をつくるポーズです。
○は笑顔、×は残念そうな表情を大げさにつくることが重要です。

こんな販促に！

・質問形式で伝える
「間違った○○をしていませんか？」

「実はその○○が△△の原因かも」
・スタッフが実体験を語る
「スタッフ○○が実際に買って正解だったもの特集」

撮った写真をPOPに活かしてみよう！

写真に合ったふきだしを入れる

大げさな動きや表情のほうが楽しい販促物になる

写真は大きめに入れたほうが◎

本人の名前を入れる

Part5

今すぐ使いたい！アイデア集

1 注目度アップの「デコパーツ」

合体することでいつものPOPが進化

できあがったPOPを見て、何か物足りないと感じたときは「デコパーツ」をつくってみましょう。

デコパーツとは、「人気急上昇」や「人気No.1」など、一言だけ書いた小さなパーツです。

これを通常のPOPの左上や右上の角からはみ出すように貼ることで、いつものPOPがさらに楽しく進化します！

4章3項で紹介した「ふきだし」同様、デコパーツに書かれている文字は読まれやすく、目を引くのでおすすめです。

また、さまざまなPOPへの使いまわしが可能なので、本体POPとは別々にラミネートして、後から本体に貼り付けるようにしましょう。

すぐに付け替えられる！

人気商品が入れ替わったり、旬な商品が変わったりした場合に、すぐに付け替えができて便利です。

【デコパーツおすすめキーワード】

・人気
・今が旬
・お土産に
・売上第1位
・店長お気に入り
・新発売
・期間限定
・数量限定
・リピーター急増中
・残りわずか
・注目
・国産
・地産地消
・新鮮

・スタッフ投票No.1
・今夜のおかずに
・買わなきゃ後悔するレベル
・お子さまにも安心
・常温OK
・全国発送できます
・正直スゴイです
・早い者勝ち
・色違いもあります
・各サイズ揃っています
・今だけ増量中
・完熟
・無添加
・つくりたて

こんなデコパーツなら どこでも使える！

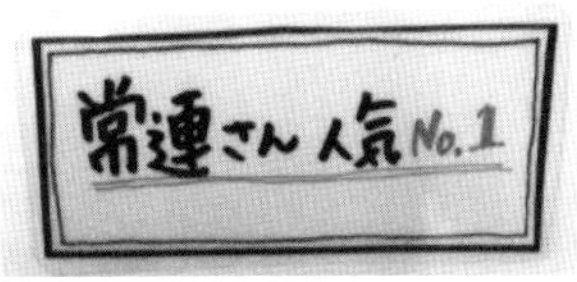

桜や落ち葉など、
季節のイラストをデコパーツにすれば
簡単に季節感を演出できる

目立つうえ、使いまわしもOK！
デコパーツは一度つくると重宝する

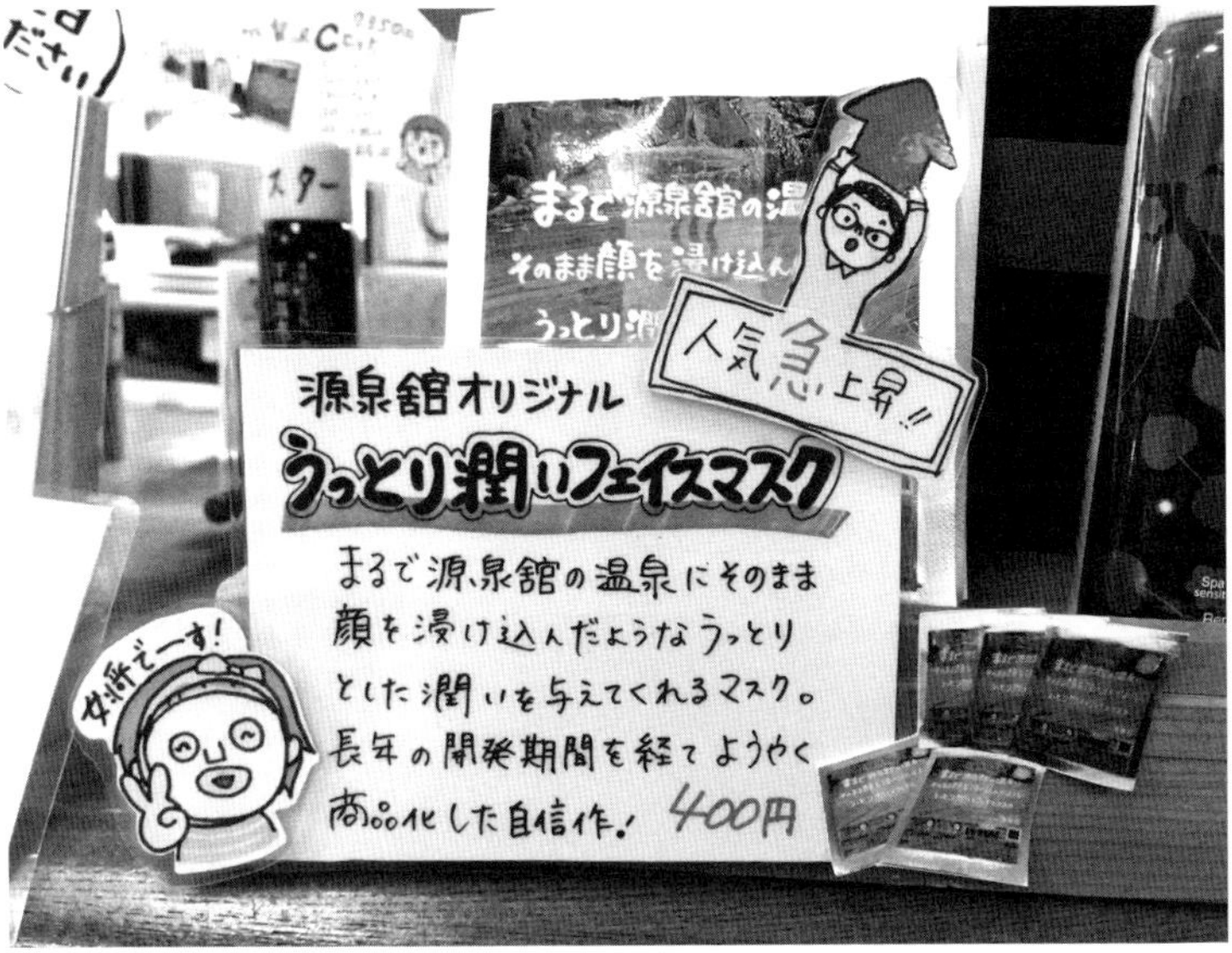

Part 5

2

二度見すること間違いなし！「立体POP」

飛び出ていると、思わず目に入る！

いつものPOPを立体にすることで、いっそう目立つPOPができます。

イラストや写真、ふきだしなど、強調したいパーツに活用しましょう。

【立体POPのつくり方】

① POP本体と立体にしたいパーツを、それぞれ別々にラミネートする

② ラミネートの余った部分を長細い帯状にカットして、四角い土台をつくる（安定感を出すために、平べったい長方形にするのがポイント）

③ ②でつくった土台を使って、本体とパーツをしっかりとくっつけたら完成！

左の③で「おかわり」の手を前に飛び出させているように、立体にする部分を工夫すれば、さらに楽しいPOPにすることができます。

①

本体とパーツを別々にラミネート

②

土台をつくる

③

土台を使って、本体とパーツをくっつけて完成！

目立って楽しい立体POP♪

ふきだしを立体にしたPOP。
一番目立たせたい部分を立体にすれば、真っ先に見てもらえる

3 売れている商品がさらに売れる「ありがとうPOP」

多く買ってもらったらお礼を言おう

POP設置後、売れるようになった商品には、新たなPOPを追加投入することで、さらに売れやすくなります。

「感謝」や「ありがとうございます」などのお礼の言葉と共に、商品がよく売れていることをお客さまに伝えるPOPを書きましょう。

人は空いているお店より、行列ができているお店に並びたがるし、在庫が余っている商品より入手困難な商品を欲しがるもの。「ありがとうPOP」は、こうした欲求を刺激するのです。

POPの鮮度は商品の鮮度

売れている商品に「ありがとうPOP」を設置し、残りわずかになれば「感謝！　おかげさまで残りわずかとなりました。お早めに！」と書いたPOPを設置するなど、売り場の状況に合わせて、刻々とPOPを変化させていきましょう。リアルタイムの情報を発信していくことで、売り場では常に新鮮な情報が伝えられていることがお客さまに伝わり、店に対する信頼感や安心感につながります。

逆に、いくら今朝収穫したばかりの新鮮な野菜が売り場に並んでいたとしても、日焼けで変色してしまった古いPOPが、黄ばんだセロハンテープで貼られていたら、商品の鮮度まで悪そうに見えてしまいます。

POPの鮮度の良し悪しは、商品自体の印象も左右します。いつまでも古いPOPが貼られていないか、POPに書かれている情報は新しいか、POPはきれいに保たれているか、こまめにチェックしましょう。

初夏の売り場で正月のPOPが発見されるなど、POPの「賞味期限切れ」は見落とされやすいもの。

食品の賞味期限を定期的にチェックするように、POPのチェックを日々の仕事リストの中に組み込んでおくと、こうした漏れを防ぐことができます。

このPOPでさらに売れるように！

さらにUP!

POPをつけたら商品が売れるようになったので、
それを伝える「ありがとうPOP」を設置。さらに売れるように！

Part 5

4

何コレ？　かわいすぎる「ちょい持ちPOP」

いろいろな表情で工夫できる！

ＰＯＰにイラストを入れることに慣れてきたら、ぜひチャレンジしてほしいのが「ちょい持ちＰＯＰ」です。これは、私の開催するＰＯＰセミナーでも特に実践してくださる方が多い、人気絶大のＰＯＰです。

【ちょい持ちPOPのつくり方】

① 人物や動物などのキャラクターの顔と手を描く
② 線に沿って、イラストをバラバラに切る
③ 顔の上にＰＯＰ本体、その上に手の順番で重ねればできあがり
④ ちょい持ちＰＯＰの顔を、もう少し下にスライドさせると……なんと、覗き見風に早変わり！

①

まずは顔と手を描く

②

はさみでバラバラに切る

③

顔・POP・手の順に重ねて完成！

④

鼻の下まで顔を隠すと
覗き見風！

覗き見風に
アレンジしてみよう

女将は見た!
モチ肌社長のヒミツ
お客様からもよく褒められる
社長の美肌のワケは…
①オリジナルせっけんで洗顔
②オリジナル化粧水をつける
③オリジナル美容液で仕上げ!
毎日続けているんです!!
こう見えて
50代で～す♡

POPの裏から覗いているようにすることで、
「○○は見た!」というクスッと笑えるPOPになる

そこに居てくれる
だけで安心♡
玄関先に飾れば「いってらっしゃい」
「ただいま」と声をかけてくれるよう。
部屋に飾れば「おつかれ様」と言って
いるみたい。「ホッ」とできる置き物です。
大 1365円
中 840円
小 420円

こんな「ちょい持ち」もかわいい♪

Part 5

5

イラストと商品写真が合体！「ちょい持ちPOPパート2」

思わずじっくり見てしまう！

カタログやチラシを切り取ってPOPに入れてみたけど、もっと温かみが欲しい！　そんなときにピッタリなのが、「ちょい持ちPOPパート2」です。

商品写真とイラストを、自然な形で融合させるワザを紹介します。あまりのかわいさに思わずじっくり見てしまうこと間違いなしです。

【ちょい持ちPOPパート2のつくり方】

① 人物のイラストを描いたら、親指の付け根に切り込みを入れる

② あらかじめ切り抜いておいた商品写真を切り込みに差し込む

③ POPに貼り付けたら完成！

①

親指の付け根に切り込みを入れる

②

商品写真を切り込みに差し込む

③

POPに貼り付けたら完成！

まるでイラストが商品を持っているみたい！

いろいろな商品をちょい持ちさせてみよう

表情を豊かにすると、さらに楽しい！

Part 5

6

大好きを伝える「抱きつきPOP」

思わず胸がキュンとなる！

ペットボトルや瓶のドリンク、シャンプー、観葉植物など、腕をぐるりとまわせるスペースがある商品には「抱きつきPOP」がおすすめです！

ギザギザに切るとPOPが裂けやすくなってしまうため、ラミネートは丸く切り取るのがポイントです。

【抱きつきPOPのつくり方】

① 顔と、両手が1本につながった腕を描いてそれぞれを切り取る。腕はあらかじめ商品に巻きつけられるかどうか、長さをチェックしておきましょう。

② 表を向いた顔に、裏返した状態の腕をくっつけてラミネートする（親指は上を向くように）

③ 切り取って、腕で輪をつくったら完成！

①

顔と腕のパーツをつくる

あらかじめ長さをチェック

②

顔に裏返しの腕をくっつける

③

切り取って、腕で輪を
つくったら完成！

進化版!
抱きつきPOP

足まで抱きついちゃいました!
月に1個も売れなかった商品が、翌月には7個も売れた!

実際の写真を使った抱きつきPOPや、さまざまなポーズを取っている
POPは、常連客との会話のネタにもなる

Part 5

7

クレームを減らして商品の価値を上げる「ごめんなさいPOP」

あらかじめ伝えることでクレームを防ぐ

POP効果で商品が一気に売れ出して、品切れ状態になることがしばしばあります。そんなとき、お客さまは欲しかった商品を手に入れることができず、お店に対して不満を抱いてしまいます。

そのような場合は、「ごめんなさいPOP」の出番です。

「ごめんなさい、入荷が間に合いません！　人気商品のため、入荷してもすぐに売り切れてしまいます。見かけた方はラッキーかも⁉」

こんなPOPが1枚あるだけで、お客さまは、品切れにも「仕方ない」という気持ちを持てるようになります。

さらに、品切れすることが多いと言われている商品が売り場に並んでいたら、「ラッキー！」と思い、喜んで買ってしまいますよね。そんなプレミア感を演出することもできるのです。

ここだけの話ですが、売り切れるほどではないもの、そこそこ売れている人気商品に、試験的にこのPOPを設置してみたところ、本当に出せば売り切れてしまう「超」人気商品になってしまいました。

わかっている情報は伝えよう

また、入荷日がわかっている商品の場合は、あとどれくらいで商品がお店に並ぶのか、お客さまに情報を伝えたほうが親切だし、お客さまのストレスを軽減することができます。

そこで、**「入荷まであと○日」**というPOPをつくりましょう。

日にちの部分は付箋を使って、日めくりカレンダーのように毎日付箋をめくりながら、入荷日をカウントダウンできるようにしておくと、お客さまの期待度もアップして、入荷日を待ち遠しく感じてもらえるでしょう。

入荷日をカウントされると
待ち遠しくなる！

たとえ品切れ中でも、いつ入荷するかがわかるだけで、
お客さまの不満を大幅に抑えることができる

Part6

効果が出やすい！商品と伝え方

Part 6

1

他より値段が高い商品

高い商品が売れないのは魅力が伝わっていないから

お醤油を切らしてしまったため、スーパーへ買いに行くと、売り場には200円のものと、それよりも少ない量なのに350円もするものの2種類がありました。

さて、あなたはどちらのお醤油を選びますか？　おそらく、「200円のお醤油」と答える方がほとんどではないでしょうか。

商品名と金額、それからパッケージなどの見た目で得られる情報しかなければ、「安くて量が多い」というパッと見で価値がわかるほうを選ぶのは当然のことです。

価値が伝わった瞬間に納得に変わる

それでは、350円のお醤油にこんなPOPがついていたらどうでしょう。

「他のお醤油よりちょっと高くて量も少ないけど香りが違います！　この味を知ってしまってから、我が家では毎回こちらを選んでいます（接客係・田中）」

なんだか、高いほうのお醤油が気になってきませんか？

他よりも値段が高い商品や量が少ない商品など、割高感のある商品は、何も伝えなければその価格はただのマイナス要因ですが、魅力を伝えた瞬間に「だからこの値段なんだ」という〝納得〟に変わります。

もし、今お店に来てくれているお客さまが、安い商品ばかりを選んで買って行くと感じる場合、商品の魅力がお客さまにきちんと伝えられていない可能性が高いです。

商品名と値段だけではなく、商品の魅力を伝えましょう。

お客さまは今ある情報で判断するしかない

こっちのほうがお得だわ！
○○醤油
□□醤油
○○醤油
500mℓ
200円
□□醤油
200mℓ
350円

お客さまはこの情報を見比べて、
どちらが魅力的か判断する

へぇ、よさそうねぇ
○○醤油
□□醤油
○○醤油
500mℓ
200円
娘(5)もお気に入り！
この味を知ってしまってから…
我が家ではいつもコレ!!
他のお醤油より少し
高めですが、香りが全然
ちがうから試してみてください！
すごはん醤油 350円

Part 6

2

パッケージや名前が変わっている商品

誰でも失敗は避けたい

パッケージや名前が変わっているような奇抜な商品は、売り場で見た瞬間、すぐに興味を引かれますが、「これ、面白い！……でも、失敗したら嫌だな」という気持ちになり、なかなか購入までに至りません。

せっかく興味を引くことができる商品なのに、これではもったいないないですね。

そんなときに、お客さまの背中をドンと押すのも、ＰＯＰの大切な役割です。

迷っているお客さまの背中を押すPOPの一言

たとえば、

「見つけた瞬間に気になったので買ってみたら……絶品でした！　リピート確定です！」

「勇気を出して使ってみたら、今ではこの○○にすっかりハマっています！」

こんな風に、購入者の声をＰＯＰに書いてみましょう。お客さまの実際の使用感は、強力な一押しになります。

また、「迷ったら試してみるべし」「こちらを選ぶお客さまが急増中！」と、迷っているお客さまの背中を押す一言を添えることで、お客さまの心は「よし、買おう」のほうへ動きやすくなります。

好奇心を大事にしよう

ところで、変わっている商品を見つけるには、あなた自身の好奇心が大切です。品出ししている最中などに「これ、何だろう？」「面白そう」と自分の扱っている商品に興味を持ちましょう。

面白そうな商品に気づき、積極的に試して魅力を見つけ、お客さまに紹介していくことで、「また面白いものがあるか、チェックしに行こう！」と、ワクワク感や期待感を抱いてもらえるお店を目指しましょう。

失敗を恐れるお客さまの背中を押すPOP

変わった商品

いつもの
豆腐
国産
とうふ
はじける
豆腐

お客さまの気持ち

わぁ！ この商品、面白い！！
（興味が湧く）

↓

でも…買ってみておいしくなかったら嫌だな…。
（失敗したくない、と冷静になる）

↓

やっぱり、いつもの豆腐が安心よね。
（「普通＝安心」という意識が働く）

そこでPOPをつけると…

食べてビックリ!!
初めての食感にハマりました！
最初に買う時は勇気がいりましたが、家族全員大絶賛!! 今では大ファンです！
はじける豆腐 1パック200円
スタッフ山本がハマってます！
はじける豆腐

わぁ！ この商品、面白い！

↓

へぇー！ なんだかよさそうね！
（POPに背中を押される）

↓

よし、買ってみよう！
（納得して「欲しい」が生まれる）

Part 6

3

見た目以上の実力を持った商品

地味だけど実力派の商品たちの輝かせ方

「本当はすごくおいしいのに、見た目がちょっと地味なんだよねぇ」「いい商品なんだけど、存在感が薄いんだよなぁ」……そんな商品に心当たりはありませんか？

見た目で損をしている、または見た目以上の実力を持った商品にもＰＯＰは効果的です。

「正直、見た目は地味ですが……ビックリするくらいおいしいです！」

こんなギャップを活かしたＰＯＰを読めば、これまで目に止まらなかった商品でも気になり出しますよね。

ＰＯＰを使って、地味な商品にスポットライトを当ててあげましょう。

単品で売れなければセットで売ろう

なかなか売れないからといって、商品を値下げして売り切ってしまおうとするのは、ちょっと待ってください。その前にこんな方法があります。

例えば、化粧水を売りたい場合、単品で売るのもいいのですが、美容液やフェイスパックなどとセットにしてみましょう。

「特別な日の１カ月前からスタートする極上お手入れセット」というように、新たな意味を込めた名前をつけて販売することで、これまでにはなかった価値をプラスすることができます。

また、化粧品は主に女性が買っていくものですが、同様のセットをつくり、**「ホワイトデーのお返しに喜ばれるセット」「いつもありがとう！　奥様に感謝を伝えようギフト」**など、これまでとは違うターゲットに対して、商品の価値を伝えることもできます。

値下げして売るのは簡単ですが、値下げしなくても十分買ってもらえる方法はあるのです。

POPで地味な商品を目立たせよう

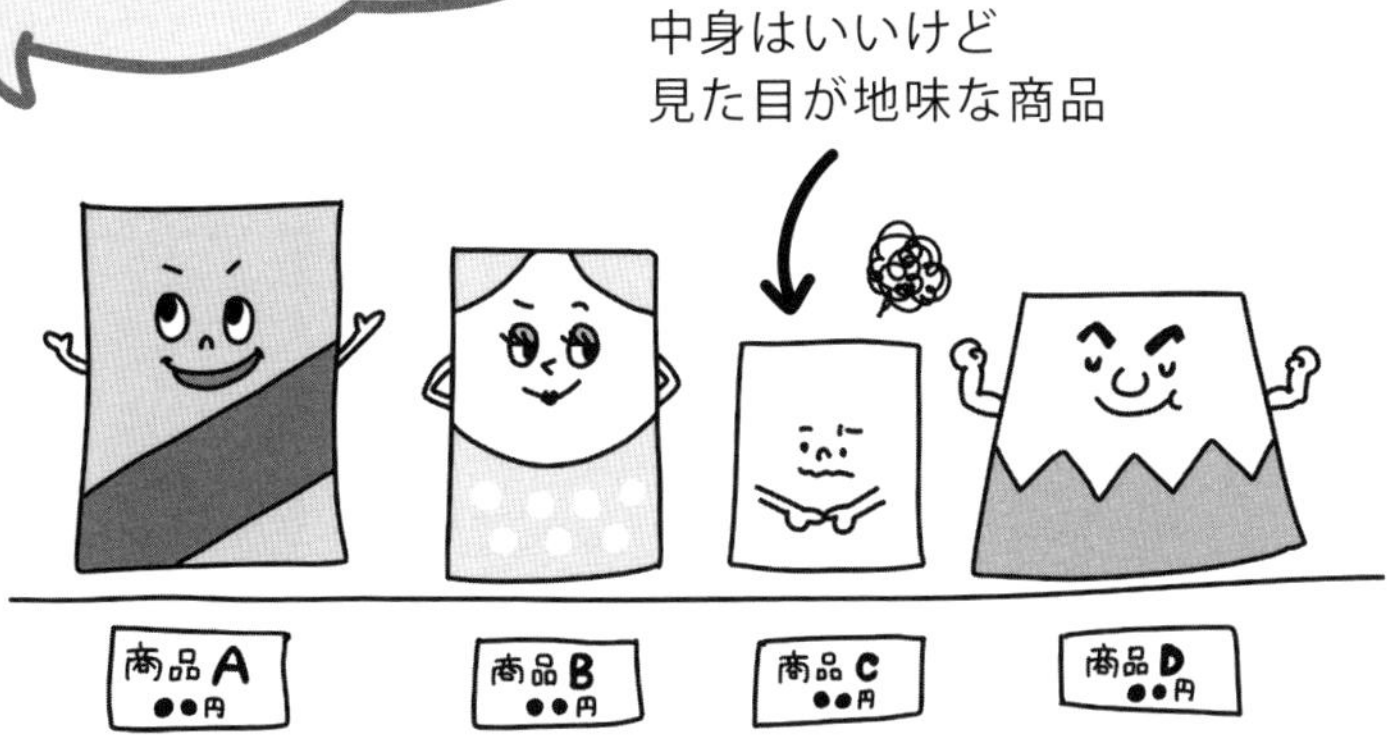
中身はいいけど
見た目が地味な商品
商品A ●●円
商品B ●●円
商品C ●●円
商品D ●●円

商品A ●●円
商品B ●●円
一見、地味ですが
実はスゴイ!
商品C ●●円
商品D ●●円

見た目とのギャップを活かしたPOPで、
地味な商品にスポットライトを当てる

FOR YOU
頑張った自分に!
ごほうびセット
●●●円
プレゼントにも◎

意味を持たせてセットにすることで、新たな価値をプラスして売ることができる

Part 6

4

実際に気に入っている商品

好きな商品を伝えないのはもったいない！

あなたは自分が持っているお気に入りアイテムについて友人に熱く語って、それに感化された友人が同じ物を買った、という経験はありませんか？

過去の記憶を振り返ってみると、おもちゃ・文房具・食品・本・化粧品・洋服・家具・家電……そういえば車まで！　あなたも思い出せないほど、たくさんあるのではないでしょうか。

どんなに口がうまい人でも、大好きな商品について、楽しく幸せそうに語る人にはかないません。

大好きな商品なのに、それをお客さまに伝えないなんて、めちゃくちゃもったいないことです！

「お店」ではなく、「私」のおすすめを！

POPだからといって肩肘張って難しく考えるのではなく、仲のいい友人に「コレね、すっごくいいんだよ」と、お気に入りアイテムの魅力を教えるように伝えましょう。

その際に、本人の写真（できればその商品と一緒に写っているもの）を入れると、信頼感がアップして、より効果的なPOPになります。お気に入り商品には「誰の」という情報をセットにしましょう。

あるペットショップでは、商品に「当店おすすめ」ではなく、**「うちのコのイチオシ」**というPOPを愛犬の写真と共に紹介し、実際にその商品がよく売れています。こんなPOPを見たら、思わずスタッフに声をかけたくなりますよね。

ただ商品を売るだけではなく、商品への愛が伝わる売り場づくりに、POPが一役買っているというわけです。

説得力が違う！ 愛用品紹介POP

「当店おすすめ」ではなく、「うちのコのイチオシ」というキャッチコピーと共に、スタッフの愛犬が喜んで食事をしている写真を掲載したPOPの説得力はすごい！

Part 7

こんなところでも効果を発揮！POPの意外な使いどころ

Part 7 1

じっくり伝えられる「トイレ」

退屈なトイレはPOPとの相性抜群

ＰＯＰの設置場所は売り場だけではありません。お客さまが時間を持て余す場所には、ＰＯＰを読んでもらえるチャンスがあります。

中でも「トイレ」はその代表例。用を足している最中は、ただ座っているだけで退屈なので、目の前にＰＯＰを貼れば高確率で見てもらえます。

また、トイレは賑やかな世界から隔離され、身も心も解放される空間なので、ＰＯＰに集中してもらいやすいのです。

トイレPOPの効果をアップさせるポイント

①文量は多少長くてもOK

売り場のように、興味を引くものが溢れている場所では長い文章は敬遠されるのですが、退屈なトイレでは、多少長文のＰＯＰでも読んでもらえます。

例えば、化粧水の売り場では「化粧ノリが変わった！　というお客さまが増えています！」といった、短い言葉で伝えるＰＯＰが効果的ですが、トイレでは「この化粧水がリピートされている3つの理由〈その1〉……」というように、じっくり読むことで納得してもらえるＰＯＰがおすすめです。

②目線を合わせる

お客さまは座った状態でＰＯＰを目にするので、その目線に合わせなければなりません。実際に便座に腰かけながら、ＰＯＰを設置しましょう。

③どこで手に入るのかわかるようにする

売り場にＰＯＰがあれば、すぐに商品を手に取ることができますが、トイレは売り場と離れているため、その商品のパッケージ写真やイラストを入れて、その商品はどこで手に入るのかも伝えましょう。

商品名が複雑な場合、「スタッフに〝トイレの貼り紙のあの商品〟と声をかけてくださいね」と書いておくのも、買いやすくするための工夫です。

トイレPOPは貼る位置がカギ

トイレPOPは便座に座ったときの目線の高さに設置する

時間を持て余すトイレでは、多少長くても読んでもらいやすい

パッケージの写真やイラストを入れて、どんな商品かわかるようにする

どこで手に入れることができるのかを伝える

Part 7

2 衝動買いの背中を押す「レジ前」

ついつい買ってしまうレジ前

売り場では散々悩みに悩んで購入を決めるのに、レジ前に置かれた商品は、「いいな」と思えば、あまり深く考えずに買ってしまうもの。実際に経験したことのある方も多いのではないでしょうか。

このゴールデンスペースを使わずに遊ばせておくなんて、非常にもったいないことですよね。早速フル活用していきましょう！

レジ前を売り場にする際のポイント

ここに並べる商品選びのポイントは、「あまり考えずに購入を決められる商品」です。いくらレジ前といっても、何万円もする商品では、さすがに気軽に手に取ることはできません。

ここでは、1人のお客さまから大きな売上を得ることよりも、多くのお客さまに買ってもらうことを考えましょう。

例えば、ポケットサイズのお菓子のような、ちょっとしたものに、**「あ〜、小腹が空いた……。そんな方へ！」「運転中の眠気覚ましに！」**などのPOPを設置しましょう。今この商品が必要なんだと気づいてもらうことで、購買意欲を刺激します。

お客さまはお店を出た後に、どんな行動をするだろう、と想像してみると、何をどのように伝えて売れば効果的なのかが見えてきます。

買い忘れ商品にも効果バツグン

また、日頃不便に感じていても、いざお店へ買い物に出かけると、すっかり忘れてしまう、というのはよくあることです。

そこで、日常の不便や不満を解決してくれる商品をレジ前に置き、**「これ、便利なんです！」「○○でお悩みの方、ご注目！」**などといったPOPを書いて、お客さまに伝えましょう。

思わず手が伸びる レジ前POP

大量に置いてPOPで盛り上げることで、手が伸ばしやすくなる

１軒の旅館にもかかわらず、
近隣の道の駅の４倍の量を販売している

Part 7

3

貧弱な売り場もこれで安心「空きスペース」

「スカスカ感」はＰＯＰでカバーしよう

品薄になったり、在庫を最小限に抑えなければならなかったりで、売り場に十分な商品が並べられないと、売れ残り感が出てしまったり、食品であれば鮮度が悪そうに見えてしまったり、何かとマイナスの印象を与えてしまいます。

そんなときは、スカスカになってしまったスペースにＰＯＰを設置して、カモフラージュしましょう。

ＰＯＰの設置方法を工夫してみよう

例えば、小さな商品を並べる場合、上のスペースが空いた状態になってしまい、貧弱な印象です。

そんなときは、ＰＯＰを商品の下に設置するのではなく、商品の上の空きスペースに設置しましょう。

売り場の雰囲気に合わせて紐やワイヤーなどを棚の柱にくくりつけて、そのワイヤーからクリップを吊るしてＰＯＰを挟めば、おしゃれな売り場に変身します！　これならスカスカ感もなくなりますね。

このように、ＰＯＰは商品の下に貼るだけではありません。売り場の状態に合わせて、さまざまなアイテムを活用しながら、ＰＯＰの設置方法を工夫してみることが大切です。

１００円ショップを上手に活用しよう

ちなみに、１００円ショップの写真フレームを扱うコーナーには、あらかじめワイヤーにピンチがセットされたものや、ナチュラルな雰囲気が魅力の木製のクリップなど、ＰＯＰや売り場づくりの意欲を刺激するグッズが揃っています。ぜひ、チェックしてみてください。

部屋に写真を飾るのと同じように、売り場にＰＯＰを飾るような気持ちで、ワクワクしながら取り組むことで、新たな発想が生まれたり、思いがけない楽しいアイデアが浮かんだりするものです。

POPは"貼る"だけじゃない！

商品が少なかったり
小さかったりする場合、
売り場に「スカスカ感」が出てしまう……

Change!

**そんなときはPOPを使えば、
ボリュームのある売り場に変身！**

4

次々と手に取られる「パンフレット置き場」

商品を売るだけがPOPの役割ではない

駅やサービスエリアなど、さまざまな施設に設置されたパンフレットは、あまりにいろいろな種類がありすぎて、どれを見ていいのか迷ってしまいますよね。

そこで、POPを使いお客さまが必要としている情報を伝えることによって、必要な人に必要なものを手に取ってもらいやすくすることができます。

必要な人に必要な情報を

例えば、観光のパンフレットがたくさん置かれている施設の場合、それぞれのサービス内容や特徴を明確にして、ターゲットを絞って呼びかけるPOPが効果的です。

次の例を参考にしてみましょう。

「雰囲気がいいお店をお探しの方へ」
「地元の郷土料理を食べるならココ！」
「家族で入れる温泉をお探しならコチラ！」
「座り心地のいいソファでゆっくりコーヒーを楽しみませんか」
「ここでしか手に入らないお土産はいかが？」

このように、お客さまの利用目的を絞って伝えることで、選びやすくなりますね。

もし、お店のパンフレットの設置を委託している場合であれば、ただパンフレットだけを置かせてもらうだけでなく、どんな人に手に取ってほしいのかを考えてPOPを書き、POPとパンフレットをセットにして置かせてもらいましょう。

それから、自分のお店のレジ前に置いてあるショップカードやパンフレットにも、手を伸ばしやすくするための工夫が必要です。

「ご自由にお取りください」「お友達の分もお持ちください」と書いておくだけで手に取りやすくなります。

このひと手間が、お店や商品を広めるチャンスにつながるのです。

商品以外にも手に取りやすい工夫を!

近隣の郵便局に
設置させてもらっている
パンフレット

どんな施設かといった説明や、気軽に手に取りやすい言葉を入れたPOPを貼ったら、持っていくお客さまが激増!

Part 7

5

商品価値がグングン上がる「卓上」

待ち時間に気軽に手に入る情報を卓上に

飲食店のようにテーブルがあるお店では、商品の価値を伝える卓上POPをつくりましょう。

あるレストランでは、地元のこだわり食材を使っていることを伝えるPOPをひとまとめにし、**「地産地笑・じもとのたべもので笑顔をつなぎます」**というタイトルをつけた手づくりファイルにして、卓上に置いています。

この中では「お米の笑顔ばなし」「たまごの笑顔ばなし」など、生産者の笑顔のイラストと共に、食材ができるまでのエピソードを手書きで紹介しています。

待ち時間にこれを見るお客さまは多く、これから自分たちが口にする食材が、誰がどんな場所で、どのようにつくっているのかを知ることができます。

普通の◯◯が価値ある◯◯に変わる

何も伝えなければ「普通においしいご飯」ですが、伝えた瞬間に「ミネラルウォーターの採取地のおいしい水を使って、笑顔が素敵な渡辺さんご夫婦が、農薬を使わずに愛情を込めて育てた、おいしいご飯」に変わります。

こうした情報を卓上ファイルで伝えるようになってからは、レストランではご飯を「おかわり」するお客さまが増え、アンケートの満足度もアップしました。

普通の◯◯にするか、価値ある◯◯にするかは、伝え方次第です。せっかくいいものを提供しているのなら、それを伝えましょう。

いきなりファイルのような大がかりな販促物はつくれなくても、1枚のA4の白い紙を使って伝えるPOPから始めればいいのです。

それが3枚、5枚……と増えてきたら、ファイルに綴って、読みごたえのある販促物に成長させていきましょう。

POPを綴じれば 立派なブックに

こだわりやサービス紹介などは、
POPを書くつもりで１枚ずつ増やしていこう

枚数が増えてきたところで
ファイルに綴じれば、**読みごたえのある販促物に！**

Part 7
6

使わないなんてもったいない「エレベーター」

自然と視線が向くエレベーター

あるホテルでは、何年も前から部屋で映画が見られる、有料番組のサービスを導入していました。

廊下に置かれた販売機でカードを購入し、カードに書かれた番号をテレビに登録すれば、好きな番組が楽しめるというものです。

これまでに、サービスの利用者を増やすため、カード販売機にポスターを貼ったり、POPを設置したりしてきたものの、思うように利用率は伸びませんでした。

そこで、エレベーターにPOPを設置することにしたのです。

エレベーターを待つ間はやることがないし、エレベーターの中で他人と乗り合わせても、無言の気まずい空気が漂い、目のやり場に困るもの。エレベーターにPOPがあるだけで、お客さまの視線は自然とこのPOPに向かいます。

このホテルでは、たった1枚のPOPだけで売上が1・9倍にアップしました。

その存在を知ってもらった日が発売日

それだけではありません。10年以上ホテルを利用している常連客から、「今度から映画が見られるようになったのね」と声をかけられたそうです。

いくらそこに商品が置いてあっても、お客さまにその存在を知ってもらえなければ、その商品はないに等しいのです。商品は、存在を知ってもらったその日が発売日と心得ましょう。

多くの人が利用するエレベーターは、存在を知ってもらうためには最高のPRスペースです。

サービスや商品の情報など、お客さまに知ってほしいことがあるなら、この場を活用して、積極的に伝えましょう。

実は注目度が高い エレベーター

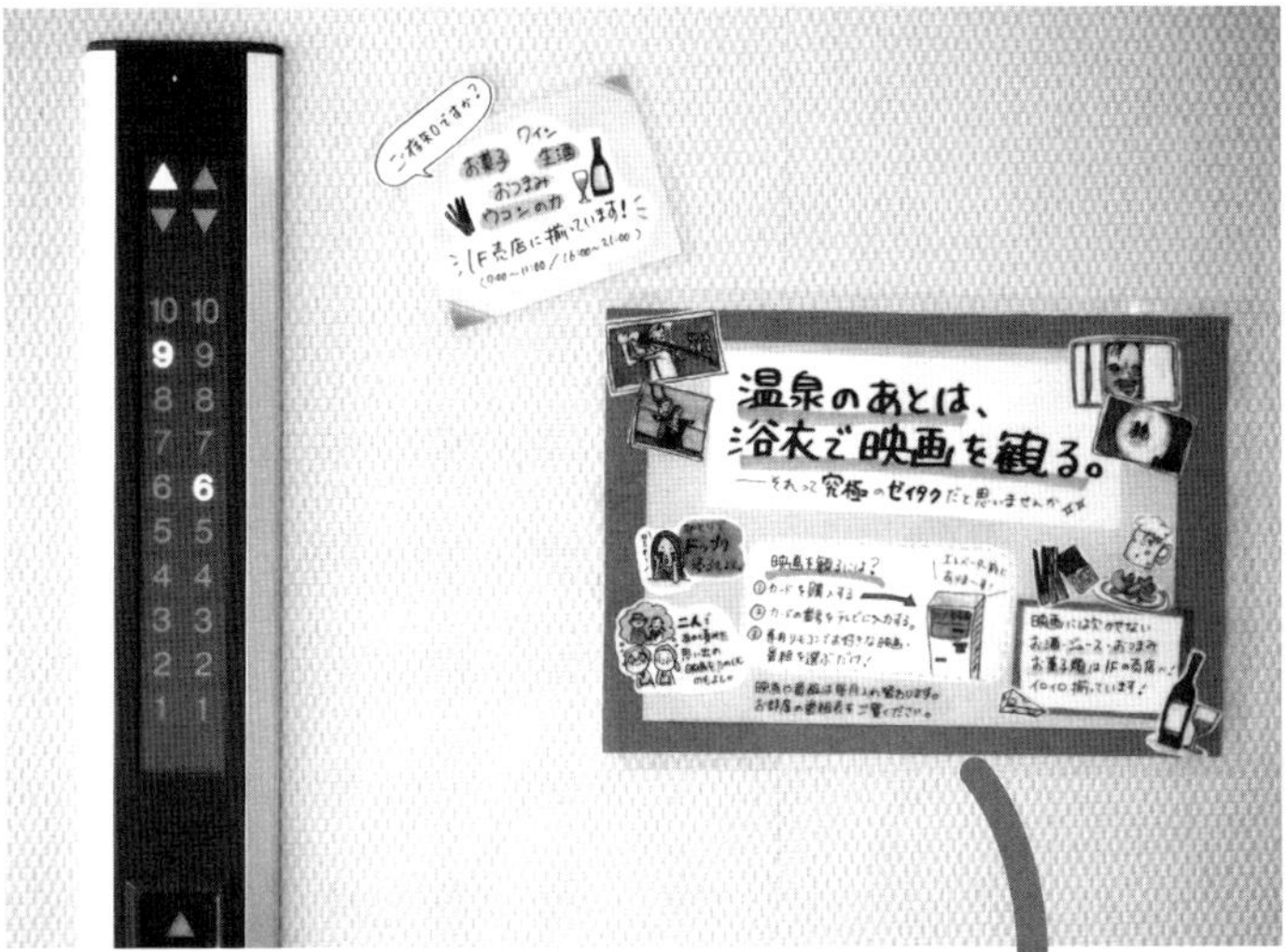

POPはエレベーターの内側だけでなく、
待ち時間に目をやれる外側にも効果的

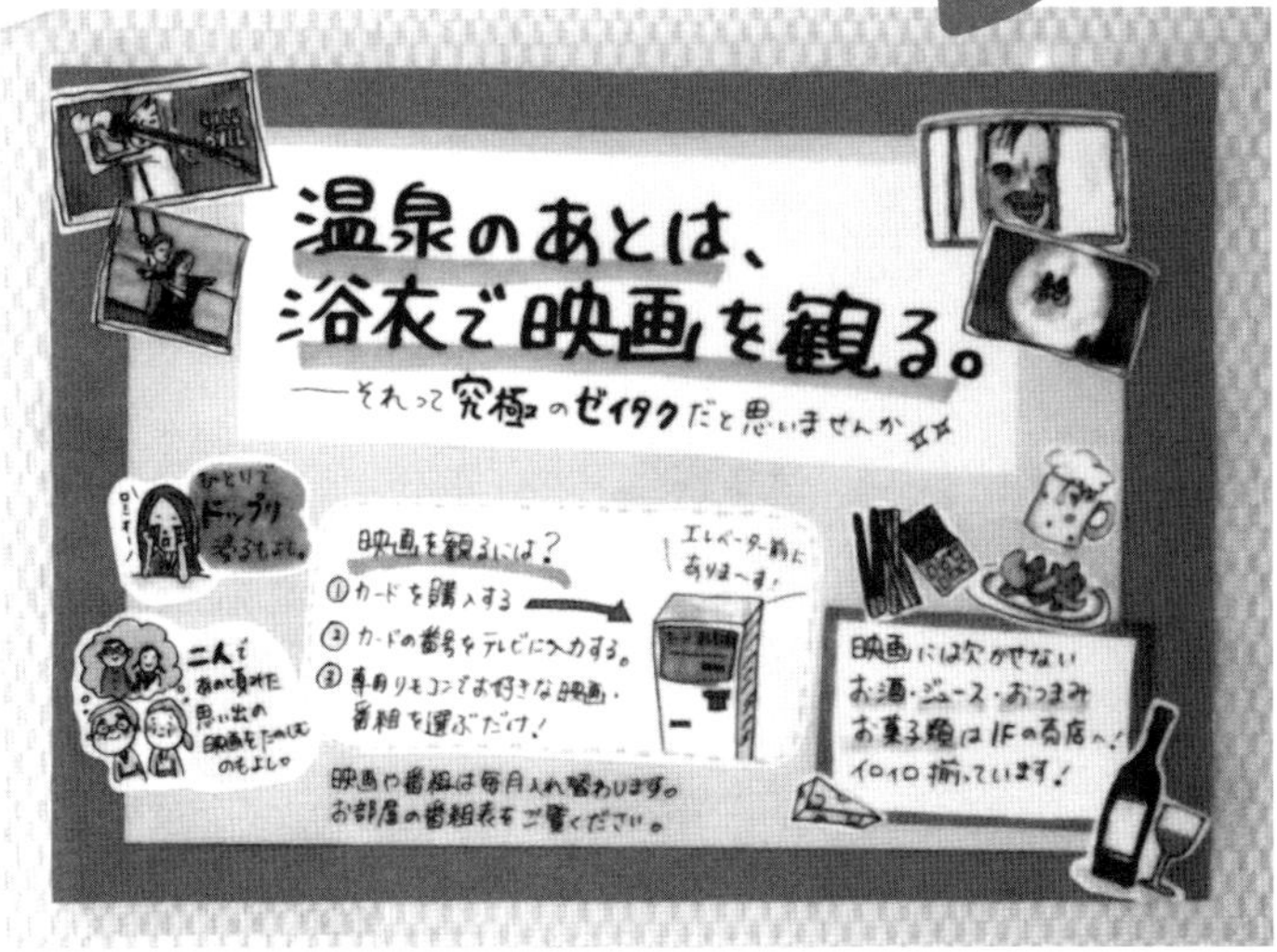

このPOPでサービスの利用者が1.9倍にアップ！

Part 8

絵心ゼロでも5分で描ける！簡単かわいいイラストレッスン

Part 8

1

簡単かわいいイラストは誰でも描ける!

絵心もセンスも実は関係ない

「POPにイラストを入れると目立ちます」なんて話をすると、「絵心がないから無理!」「センスゼロだから描けない!」という声が一斉に飛び交います。

確かに、ゴッホやピカソのような絵画は才能や長年の勉強が必要かもしれませんが、POPに描く簡単かわいいイラストには、絵心もセンスも必要ありません! なぜなら、これらは「覚える」ものだからです。

覚えれば誰でもかわいいイラストが描ける

「バランス」と「パーツ」のたった2つのことを覚えるだけで、誰でも簡単にかわいいイラストを描くことができます。

左のページに描かれた3つのイラストは、「かわいさ」がまったく違いますよね。実は、この3つの顔に描かれている目・鼻・口のパーツはすべて同じですが、それらをどこに配置するかによって、まったく違った印象になるのです。

かわいいかどうかは、パーツのバランス次第です。どんなパーツをどの位置に描けばかわいい顔になるのか、繰り返し描きながらバランスを覚えていきましょう。

それから、男の子を男の子らしく、おじいちゃんをおじいちゃんらしく描くためには、「その人らしいパーツ」を覚えることが重要です。

女の子らしい目や髪型、お父さんらしい目や髪型など、その人らしいパーツがあります。それらを覚えることで、描きたい人物を自由に描くことができるようになるのです。

8章では、さまざまな人物を順番に描きながら、その人らしいバランスやパーツをつかみ、覚えていくことができます。それでは早速、簡単かわいいイラストを描いていきましょう!

パーツの位置でイラストはここまで変わる！

全然違う顔に見えるけど、
実は顔のパーツはすべて同じ

眉・目・鼻・口のパーツをどこに配置するかによって
まったく別の顔になる

かわいい顔を描くためには、このパーツの位置や、サイズ、形などを覚えることから始めよう！

Part 8

2

幅広い用途がうれしい！子ども編

①

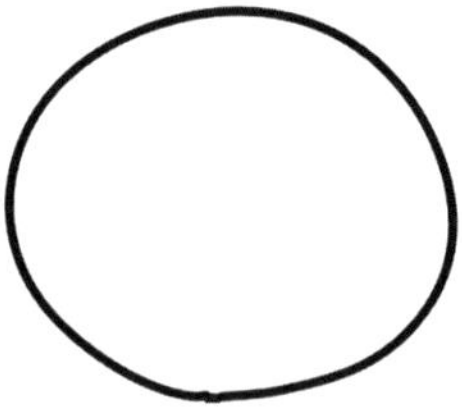

子どもの輪郭は、少しだけつぶした丸を描きましょう。

②

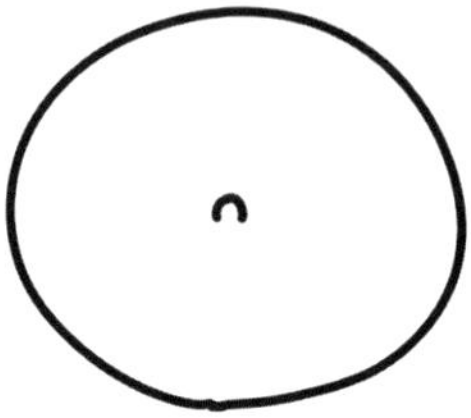

丸の中心にペコっと小さな鼻を描きます。

③

口はにっこり笑わせて。

④

他のパーツと離れすぎないように丸い目を描きます。

⑤

耳は鼻の高さに描きましょう。

男の子と女の子は髪型で描き分けよう

⑥

ちょっと下がり気味の
眉がかわいさの秘訣♪

⑦

男の子らしい髪型にすれば
男の子ができあがり!

⑧

女の子なら、まつ毛
を外側に向けて描き
ます。

⑨

髪を伸ばせば女の子になります。

Part 8

3

イラストが5割増しになる マル秘テクニック

さぁ、子どもの顔が描けたところで、描いたイラストが5割増しになる、マル秘テクニックを紹介しましょう！

①

片方だけでもいいので、手を入れた体を描くと動きが出ます！
男の子なら男の子、女の子なら女の子というように「その人らしい服」を着せるだけで、描きたい人物に近づきますよ。

②

例えば、このイラストでは女の子が手を振っているように見えますね。
このように、手や頭の横に2、3本の線をプラスすると、イラストがイキイキと動き出します♪

③

実は、色を塗るだけでイラストが上手に見えるようになるんです！
このときにも意識したいのが、「その人らしい色」にすることです。

イキイキしたイラストの秘密は手とライン

④

丸いピンクのほっぺを描き足せば、
かわいさがこんなにもアップします。

⑤

ちなみに、男の子はこんな感じ♪

Part 8

4

60秒で描けるのにかわいい！赤ちゃん編

赤ちゃんはめちゃくちゃ簡単です！慣れれば顔だけなら30秒、体も含めて60秒で描けるようになりますよ。

①

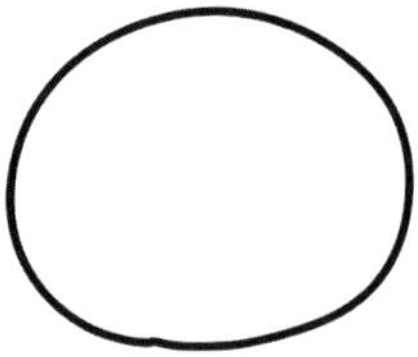

子どもよりもつぶした丸を描きましょう。おまんじゅうのイメージです。

②

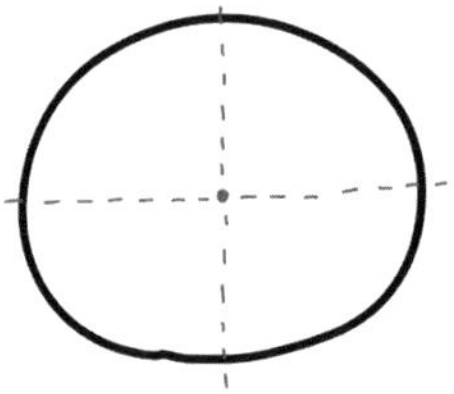

縦と横の真ん中にラインが入っていることをイメージします。

③

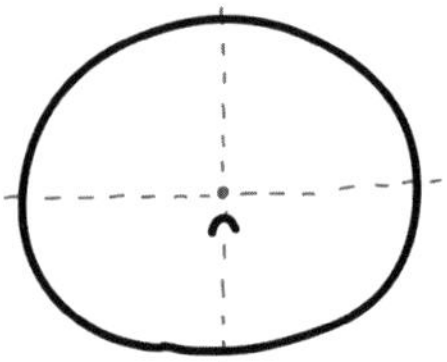

鼻は真ん中よりも下に。

④

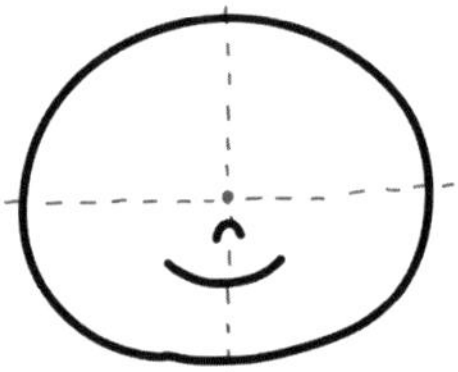

口はやっぱりにっこりがいいですね♪

⑤

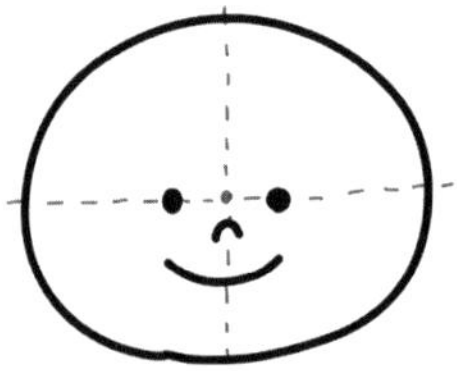

目は真ん中のラインに合わせて入れましょう。

あっという間に赤ちゃんが完成

⑥

小さな耳と髪はチョロっと!

⑦

赤ちゃんらしい服と手を描いたら完成!

⑧

イキイキラインも忘れずに!

⑨

薄めのパステルカラーが赤ちゃんのイメージ。

⑩

仕上げにほっぺを描いたら、かわいい赤ちゃんのできあがり!

Part 8

5 化粧品やスーパーのPOPにも！ お母さん編

①

お母さんの輪郭は少し縦長に描きましょう。

②

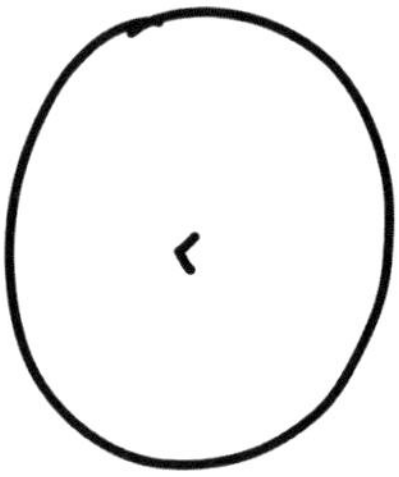

鼻は丸の真ん中に、くの字にツンと尖らせて。

③

口はお上品に小さく描きます。

④

目は大きすぎず、まつ毛は左右同じ方向に流しましょう。

⑤

耳は鼻の横に、そして優しそうな眉を描きます。

年齢もタイプも髪型一つで思いのまま

⑥ 女性の髪型はいろいろ！　好きな髪型にしてみましょう。

一番簡単な
髪型ならコレ！

若々しくて
元気な
お母さんなら
短い髪が◎

片耳を出せば
仕事もできる
お母さん

パーマヘアーで
ベテラン主婦

⑦

ネックレスをつければ
お出かけ時のお母さん。

⑧

ほっぺも忘れずに色を
塗って、仕上げのイキイ
キラインで完成です！

Part 8

6 髪型一つで雰囲気自在！お父さん編

①

お父さんは丸いような四角いような輪郭です。

②

鼻は真ん中に、アルファベットの「U」を描きましょう。

③

大きくて優しい口がお父さんらしいですね。

④

目は鼻の書き出しのあたりに小さめに。

⑤

耳は顔に合わせてちょっと大きめに、眉毛も太めがお父さんっぽい！

頼れるお父さんを描いてみよう！

⑥ お父さんは髪型で印象がガラリと変わります。好きな髪型を描いてみましょう。

一般的なお父さん

子育てにも熱心なイクメンパパ

もちろんメガネも似合います！

若いお父さん

エリートお父さん

爽やかなお父さんから怪しげなお父さんまで、髪型と小道具で自由自在！

⑦

お父さんのスーツの描き方は順序が大事。
まずはカーディガンのような服を描いてみましょう。

⑧

襟とネクタイは後から描き足せばこんなに簡単！
色を塗って、ほっぺ・イキイキラインを描いたら、ハイ完成☆

Part 8

7

パーツを変えれば いろんな動物に！ ネコ編

①

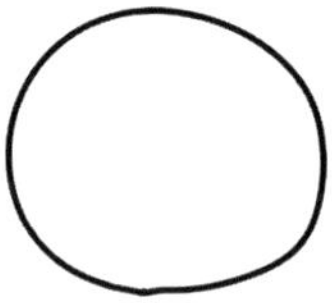

赤ちゃん同様に、おまんじゅう型の丸を描きましょう。

②

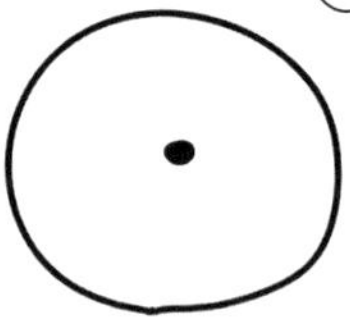

真ん中よりも少しだけ上に鼻を描きます。

③

鼻から中央に向かって線を引いて、中央から２手に分かれたら口になります。

④

鼻の横にゴマを２つ並べましょう。

⑤

トンガリ耳を２つでネコに近づいてきました。

⑥

ヒゲを左右に３本ずつ書いたらネコの顔に！

何にでも使いやすいネコは覚えて損なし！

⑦　お好みのネコになるようにデコレーションしてみましょう！

⑧　④まで描いてアレンジすれば、いろんな動物になります！

⑨　表情をつけると面白い！

ガビーン
ニタァー
ゆ…許さニャイ!!
は…恥ずかしいニャ!!

Part 8

8

POPの表現力がアップするイラストのコツ

イラストの表情を豊かにすると、楽しいPOPになるし、より伝わりやすくなります。喜怒哀楽の強弱を、それぞれ5段階くらいで描き分けてみましょう。本書の8ページも参考にしてみてください。

（例）「おいしい」という情報を
伝えたい場合、笑顔のイラストを
入れるといいでしょう。

また、同じ笑顔でもその度合いを変えてみることで、印象がこんなにも変わります。何をどう伝えたいのかによって表情を工夫してみましょう。

眉毛一つとっても、上げるか下げるかで表情は大きく変わるので、巻頭カラーページの表情一覧を見ながら練習してみましょう!

では、これを驚いた顔に変えてみるとどうでしょうか。あまりのおいしさに驚く人のイラストになりましたね。

見かけによらずおいしいものなど意外性のあるものは、驚いた顔のほうがよく伝わります。

表情が変われば
伝わり方も変わる

思わず目がいく！　表情豊かなPOPはこんなに魅力的

こんなインパクトのあるイラストは
思わず注目してしまう

「ほっ」という感じが
よく伝わってくるPOP。
優しい色使いや花の
デコパーツもPOPを
引き立てている

Part 8

9

ターゲットを描こう

誰に何を伝えたいのか

ＰＯＰに人物を入れる際は、描きたい人物を描くのではなく、誰に何を伝えたいのかを考えて描くことが重要です。

伝えたい相手のイラストを描くことで、「これは自分に向けた情報だ！」と瞬時にお客さまに読み取ってもらうことができます。

また、伝えたい内容を際立たせるイラストも効果的です。例えば、赤ちゃんの肌にも使えるくらい刺激の少ない石鹸をＰＲする場合、赤ちゃんを描くことによって、さらに伝わりやすくなりますね。

イラストでもターゲットを絞ろう

ＰＯＰで伝える言葉は、ターゲットを絞ったほうが効果的だと紹介しましたが、同じようにイラストもターゲットを絞ることが大切です。

ただ「女性」というだけではなく、「主婦をしている30代女性」や「働いている30代女性」というように、ＰＯＰの内容によってイラストを細かく描き分けると、さらに伝わるようになります。

「人物を細かく描き分けるなんて難しそう……」と不安に思うかもしれませんが、これも覚えてしまえば簡単です。顔は同じでも、「その人らしい服」にすることで、何パターンでも人物を描き分けることができるのです。

洋服の色選びも重要です。例えば、赤ちゃんならパステルカラー、女の子は明るいピンクのワンピース、お父さんは濃紺のスーツ、おばあちゃんは紫色のカーディガンなどが「その人らしい服」ですね。

「らしさ」を学ぼうと思ったら、漫画やファッション雑誌を意識して見てみることをおすすめします。その中から、「漫画に出てくるお母さんは、この色のこういう服を着ていることが多いな」という王道パターンをつかみましょう。

より絞った人物のイラストを

「男性」といってもさまざま。どんな男性なのか絞ることで、伝わりやすいイラストが描けるようになる

服装を変えるだけで、
まったく違うキャラクターを描き分けることができる。
普段から誰がどんな服装をしているのか意識し、
お母さん、OL、パン屋さん、お医者さんなど
いろんな人物の王道パターンをつかもう!

Part9

苦手でも大丈夫！売れるPOPの文字の書き方

Part 9

1 POP文字は宣伝文字

私たちは常に大量の宣伝に囲まれている

新聞の広告欄、折り込みチラシ、テレビCM、ラジオCM、スマホ画面やインターネットの広告バナー、お店の看板、道路を走るラッピングバス、駅に貼られたポスター、電車内の中吊り広告などなど、私たちは毎日あらゆる場面で大量の宣伝を目にします。

視界に入るたびに、その一つひとつの宣伝に反応していられるわけもなく、無意識のうちに「あ、これは必要ない情報だな」と察知し、スルーしながら過ごしているのです。

お店のPOPも例外ではありません。パソコンでつくられたPOPもまた、無意識のうちに宣伝だと受け取られ、無視されてしまいます。

最近では、丸い形が特徴的な「POP文字」もドラッグストアを中心に、あちこちに広まっているため、「プロが書いた宣伝用の文字」として認識され始めています。

信用できるのはお店よりも個人の言葉

お店の売りたい気持ちがにじみ出た「おいしい」という言葉よりも、「これねぇ、お醤油かけて食べたら最高においしいわよ」というレジのおばちゃんの言葉のほうが説得力がありますよね。

誰が書いても同じ、または誰が書いたのかわからない文字ではなく、若い女子アルバイトの◯◯さんが書く「ヘタカワ文字」や、元ラグビー部のマッチョな男性スタッフの◯◯さんの力強くて四角いクセ字など、その人らしさが伝わる文字を書くことで、会社やお店の宣伝ではなく、個人的な意見や感想、つまり口コミとして捉えられ、信頼感が増すのです。

自分の文字が個性的だからといって、自信を失う必要はありません。むしろそれは、自分らしさが活かせるチャンスと捉えましょう。

POPは個性豊かなほうが面白い！

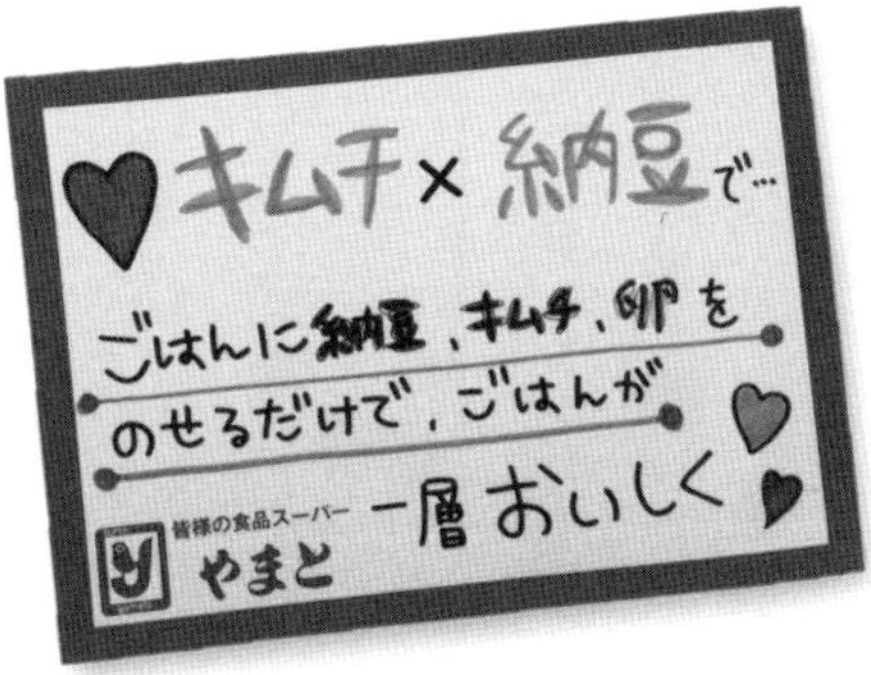

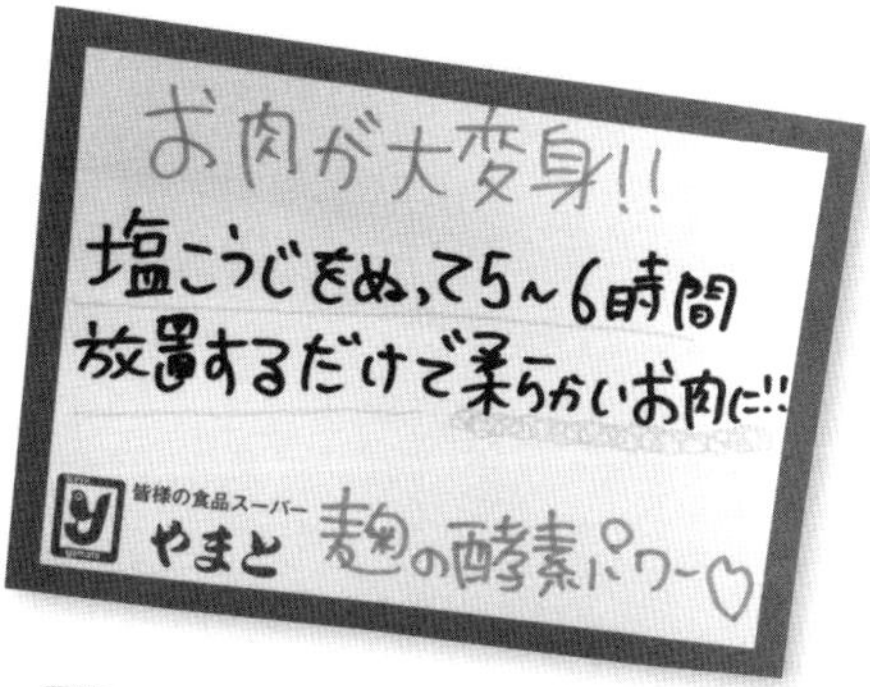

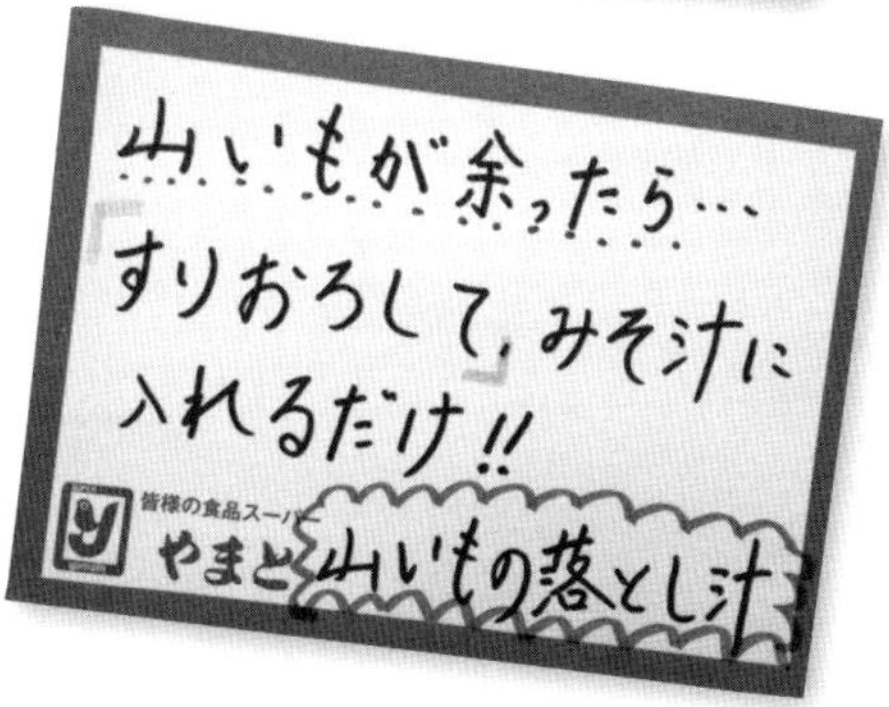

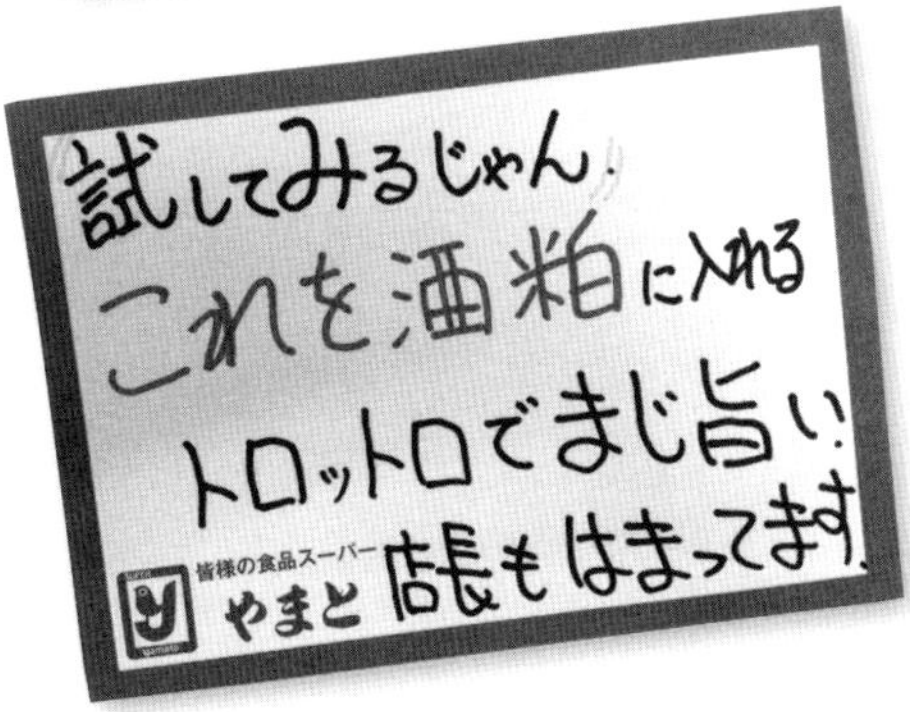

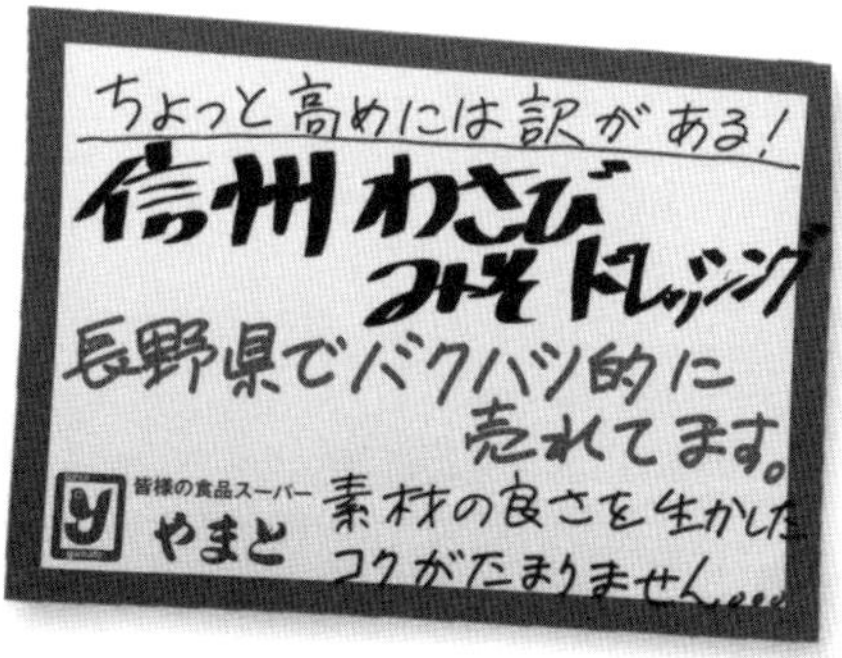

その人らしい文字を書くことで、宣伝ではなく
スタッフ個人がおすすめする「口コミ」のように伝わる

Part 9
2
POPは自分の文字で書こう！

文字が上手かどうかなんて関係ない

自分の文字にコンプレックスを持っている人は少なくありません。実は、私もバランスの悪い自分の文字が、小学生の頃から嫌いでした。

どうしても上手に文字を書けないことに、コンプレックスを抱きながら大人になって、ＰＯＰを書く機会に恵まれました。

上手に書こうと思えば思うほど、小さな1枚のＰＯＰを仕上げるのに時間がかかってしまうし、時間をかけた割には悲しいくらい微妙な仕上がり……。自分の書いたＰＯＰを売り場に設置することに、ものすごく抵抗がありました。

それでも勇気を出して、恥ずかしいくらいセンスのかけらもないＰＯＰを貼ったプリンが次々と売れていき、半日で完売したときに「あれ？ 文字は関係ないんだ！」ということを知ったのです。

まずは売り場に貼ってみよう！

全国各地でＰＯＰセミナーを開催していると、自分の書いたＰＯＰに自信が持てない人にもたくさん出会います。

それでも、まずは試しに売り場に貼ってもらうと、実際に商品が売れるのです。

自分の書いたＰＯＰによって、目の前で商品が売れていく。いろいろと考え込む前に、まずはこの体験をすることで、自信が持てるようになります。

ＰＯＰを書くうえで重要なのは、内容（誰に何を伝えるのか）、目を引く見た目、パッと見でも識別できる読みやすい文字です。

文字は読みやすければいいのであって、決して上手でなくてもいいんです。そう考えれば自分にもできそうだ、と自信が湧いてきませんか？

それでは、次項から読みやすい文字の書き方のコツをつかんでいきましょう。

自分が思っている以上に反応は得られる

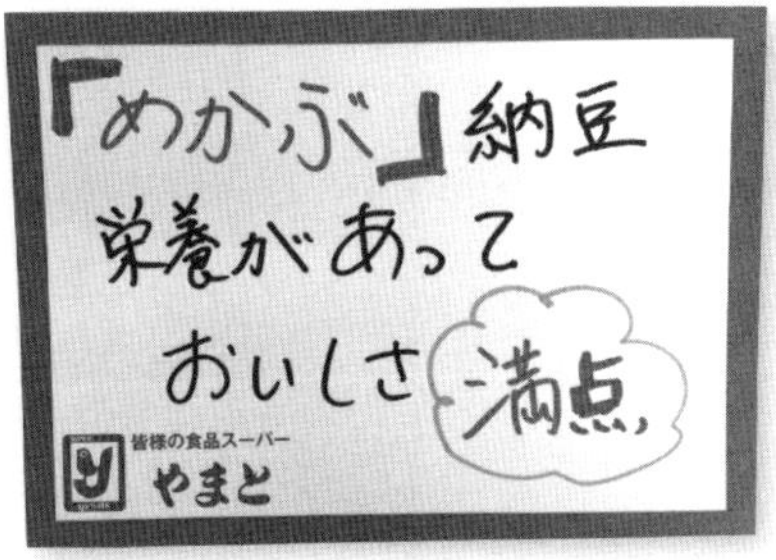

「自信がない」と言いつつ
男性スタッフが書いたPOPで
売上が1.7倍に！

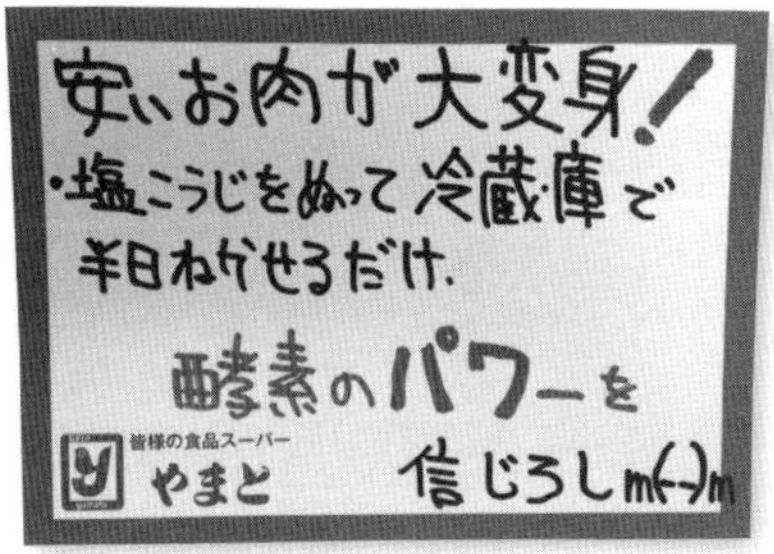

3分で書いたPOPで
2.8倍も売れた

拡大

なんと店主の娘作！
お客さまは反応せずには
いられない

Part 9

3

重要なのは1秒で文字を認識してもらうこと

読みやすい文字を書こう

文字は上手かどうかよりも、読みやすいかどうかのほうが重要です。文字が読みづらい時点で、お客さまはPOPを読むことが苦痛になります。

元々お客さまはPOPを読むことを目的としてお店に来るわけではないので、パッと見たPOPにストレスを感じたら、その先は読んでもらえません。

見た瞬間に何が書いてあるのか、ザックリと認識してもらえるように、読みやすい文字を書きましょう。

堂々と自信を持って文字を書こう

まずは深呼吸をして、リラックスした状態でのびのびと文字を書きましょう。自信なさげに小さく書かれた文字は読みづらいし、商品に対しても自信がないように感じられてしまいます。

さあ、まずはここで「自信」という漢字を書いてみましょう。

今にも倒れそうな、安定感のない文字になっていませんか？

肩身の狭そうな、窮屈な文字ではありませんか？

左ページを参考に、どんなに強い風が吹いても倒れないような、堂々とした「自信」を書きましょう！

自分が思っている以上に、文字には感情が出やすいものです。楽しんでいる様子、元気のいい様子が伝わるように、気持ちを盛り上げてペンを握りましょう。

読みやすさを意識しよう

きょうは特別な
魚を入荷しました。

パッと見た瞬間に
読みとれる文字で書こう

読みづらいPOPは
読みたくない

POPの文字が自信なさげでは、
商品に対しても自信がないように感じてしまう。

堂々と自信を持った文字を書こう

自信
自信

Part 9

4

読みやすい文字の書き方

文字の特徴を強調する

読みやすい文字を書くコツは、その文字の特徴を強調して書くことです。

例えば、普段の文字で、ひらがなの「あ」を書いてみましょう。

このときに、文字の下部分に〝3つの部屋〟ができますね。これが「あ」という文字の特徴です。

縦長の文字を書いてしまうクセを持った人は、この3つの部屋が縦に潰れてしまうため、「あ」という文字が瞬時に認識しづらくなります。

このような癖字の人は、文字を膨らませるように意識して書くことで、読みやすい文字が書けるようになります。

均等に書く

次に、「田」という字を書いてください。

今度は4つの部屋ができますね。この4つの四角の縦横の長さが均等になるように意識すると、読みやすくなります。

また、「書」という文字を書くときには、縦の幅を均等になるようにすると、劇的に文字のバランスがよくなります。このときも、縦長になってしまう場合は、文字を横長にして膨らませるように書くことを意識するといいでしょう。

文字の特徴を出すことが読みやすさの秘訣

○ 読みやすい　　× 読みづらい

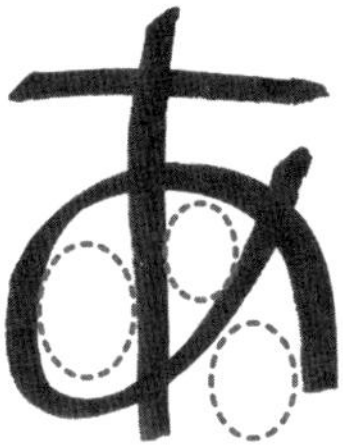

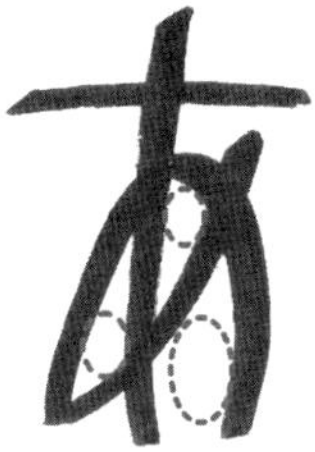

この“３つの部屋”が「あ」の特徴。
縦長文字だと、この３つの部屋が潰れてしまうため、
文字が認識しづらくなる

○

×

正方形にすることを意識して書くと
読みやすくなる

○

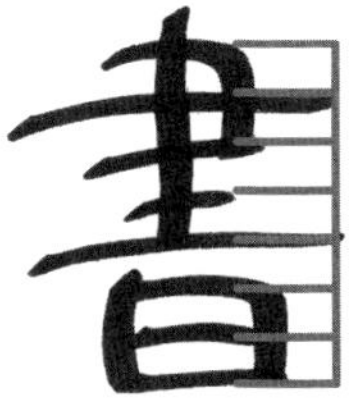

×

等間隔にすると文字が整って
読みやすくなる

5 プロッキーを使って読みやすい文字を書いてみよう

ペンの握り方

POPづくりには欠かせないプロッキー（三菱鉛筆）には、さまざまな種類があります。ここでは、キャッチコピーなどの太字を書く際に便利な「細字丸芯＋太字角芯」という種類を使います。

このペンは、先が丸いもの（丸芯）と四角いもの（角芯）の2つのタッチの文字が書けるようになっています。

先が丸いほうのフタを取ったら、ペンの跡が手に残るくらい強く握りましょう。強く握ることで、ペンがフラフラと動かず、しっかりと安定した線が引けるようになります。

最初は手が疲れるかもしれませんが、ここは我慢。慣れてきたら徐々に力を抜いていきましょう。

手を安定させる

手を安定させることで、力強くバランスの取れた文字が書けるようになります。

左の写真のように、小指の横から手首までを机にピッタリとつけて固定し、ペンを持つ3本の指の回転だけで文字を書くことを意識してください。

文字を書いている間も、小指の横から手首は机から離れないように、しっかりと固定しましょう。

ペン先を押しつける

紙にペン先を強く押しつけるようにすることで、ブレずにしっかりとした線が書けます。

また、いつもより文字を書くスピードが落ちるので、丁寧な文字になります。

書きやすい角度を見つける

人によってペンを動かしやすい角度は異なります。斜めや垂直にペンを持ち替えながら、自分に合った角度を見つけましょう。

ペンの握り方で文字が変わる

ペンの跡が手に残るくらい強く握る

小指の横から手首まで机に固定して、
ペンを持つ３本の指の回転だけで文字を書く

Part 9

6

プロッキー太字を使いこなすコツ

プロッキー太字の上手な使い方

プロッキーの太字（ペン先が四角くなっているほう）は、書き方を覚えてしまえば、誰でも読みやすい文字を簡単に書くことができます。

まず、ペン先に注目してみると、先端が斜めになっていて、独特の形をしていますね。

文字を書く際は、左ページの写真で右肩上がりになっている、右上の辺《へん》部分だけを使います。拡大図のイラストを参考に、印がしてある辺部分を、実際のペンでも確認してみましょう。

前項で紹介したように、ペンを持つ手をしっかり固定して、辺のみを使って、ゆっくり書けば、気持ちよく読みやすい文字が書けます。

新品のプロッキーを使う場合、最初はペン先が硬くなっているので、紙に押しつけるようにやや強めに書きましょう。

こうすることによって、ペン先が柔らかくなじみ、書き心地がよくなってきます。

縦横均等の太さが読みやすい

よく、プロッキーなど、先が四角い太字のペンで文字を書くと、縦と横で太かったり細かったりする部分ができてしまい、文字が読みづらくなってしまうという方がいます。

これは、文字を書きながらペンをクルクルと回転させてしまっているか、ペン先の違う部分が紙に触れている可能性があります。

ペンが回転しないようにしっかりと手を固定して、左ページの図で説明しているように、ペン先の短い辺の部分だけを使えば、縦横の太さが均一になり、読みやすい文字が書けます。

左ページの文字を参考に、太さが均一な文字になっているか確認しながら書いてみましょう。一度覚えてしまえば簡単です！

使う部分を覚えれば読みやすい文字が書ける

ペン先をよく見ると、独特の形をしている

この部分（一辺）だけを
使って書く

○ 読みやすい

文字の太さが均等で、線同士がくっつかないように
適度に空間があると読みやすい

× 読みづらい

細い部分や太い部分があり、
文字が潰れてしまうと読みづらい

Part 9

7

筆ペンにチャレンジする前に！

手の緊張をほぐす方法

筆ペンの文字は、力強さを伝えたり、素朴な優しさを伝えたり、書き方一つでさまざまな雰囲気を楽しむことができます。

ちょっとした筆の使い方で、誰でも簡単に味のある文字を書くこともできるのです。習字は苦手だったのに、使い方のコツをつかんでからは、筆ペンにすっかりハマり、毎日活用するようになったという方も大勢います。

それでは早速、その楽しさを体験していきましょう！

筆ペンを使う際には、とにかくリラックスすることが大切です。慣れない筆ペンに手に力が入り、ガチガチになってしまっては、遊び心や余裕のある「いい感じの文字」は書けません。

これから紹介する簡単な「らくがき準備運動」をすれば、手の緊張はどこかに飛んでいってしまいます。ぜひ、実践してみてください。

ちなみに、私のおすすめは「ぺんてる筆（中字）」（ぺんてる）です。本体をつまむだけで墨が補充できるし、やわらかさとコシのある毛筆で、いろいろな表現が楽しめます。

準備運動から始めよう

左のページの見本を参考にしながら、一緒に筆ペンでらくがき準備運動をしましょう。

①まずは、筆先を使って素早くギザギザの線を書いてみましょう。

②次に、手首を動かしながら、クルクルの線を書きましょう。ここでもサッと書くのがポイントです。

③最後は根元まで紙に押しつけて、クルクルと素早く書きましょう。

④それぞれ3回ほど繰り返せば、緊張がほぐれて手首も動かしやすくなっているはずです。

ササッと素早く書いてみよう

① 筆先を使ってギザギザの線を書きましょう。

② 素早く手首をまわしながらクルクルと線を書きましょう。

③ 最後は根元まで紙に押しつけて、クルクルと素早く書きましょう。

これを2、3回繰り返せば、
手の緊張がほぐれて文字が書きやすくなります！

Part 9

8 いろんな線を筆ペンで書いてみよう

豊かな表現力を持った筆ペン

普通のペンで書ける線は1種類ですが、筆ペンは使う部分や使い方によって、さまざま線を書くことができます。

それでは、どんなバリエーションがあるのか見てみましょう。

①細文字

まずは、筆先だけを使った細い線。この線を活かせば、「ふわり」「サラリ」「風」などの軽やかな印象の文字を書くことができます。

また、軽い筆の書き味を利用して、柔らかなイラストを描いてみるのもおすすめです。

②中太文字

次に、筆先の真ん中まで使う、中太文字を書いてみましょう。文字だけでなく、枠を書いたり、アンダーラインを引いたりするのに便利です。

ササッと簡単に描いたイラストも、適度な太さの筆ペンなら味が出ます。

手書きPOPやメニューなどに、ちょっとした挿絵として入れるのにも便利です。

③太文字

そして、最後に紹介するのは、筆を根元まで押しつけて書く、太文字です。墨の量を出しすぎないように調整すれば、いい感じの「かすれ」を出すことができます。

「数量限定」「朝採れ野菜」など、勢いやスピード感を演出したいとき、「ドキドキ」「助けて!」など、高ぶる感情を表現する文字を書きたいときなどは、この太文字がおすすめです。

さまざまな文字が一通り書けるようになったら、お店や商品の雰囲気に合わせて、文字を使い分けてみましょう。

ちなみに、筆ペンで描いたイラストは、ざっくり色づけするだけでも味が出て、いい感じになりますよ。

1本でここまで表現
できるのが筆ペンの魅力

① 筆先だけで書く細い線

② 筆の真ん中まで使う中太線

③ 筆の根元まで押しつけて書く太線

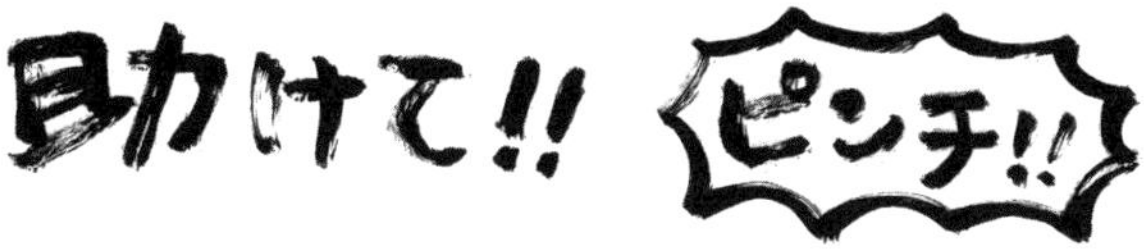

Part 9

9 味があるいい感じの筆文字を書く秘訣

大胆なメリハリにチャレンジしよう

1つの文字の中にも太い線と細い線を混ぜてみることで、いい感じの筆文字を書くことができます。これは初心者でも取り入れやすいので、ぜひ一緒にチャレンジしてくださいね。

まずは、「黒」という文字を書いてみましょう。左ページの見本に合わせて書いてみると、うまくいきますよ。

1画目の縦棒は、筆を真ん中まで押しつけて、太めに書きます。

2画目の横から縦と続く線は、筆先だけを使い、力を抜いて丸めに書きましょう。

3画目から「里」という文字が完成するまでは、すべて力を抜いて筆先だけで書いていきます。

最後の4つの点の1つ目だけはググッとペンを紙に押しつけながら丸を書き、残りは力を抜いてペン先で書けば完成です！

文字の始まりは太く強く、他は力を抜いて筆先だけで書くことで、メリハリのある、いい感じの筆文字に仕上がります。

ルールを忘れて自由に楽しもう

書道にはいろいろなルールがありますが、それらをいったんすべて忘れて、書き順を逆にしてみたり、利き手と逆の手で文字を書いてみたりすることで、文字のバランスが絶妙な具合に崩れて、味のある文字が書けるようになります。

例えば、「一」という文字は通常、左から右に向かって書きますが、これを右から左に向けて書くことで、柔らかさや温かみのある崩し文字が書けます。

最初は戸惑うかもしれませんが、慣れればコツがつかめてくるので、ぜひ繰り返し書いてマスターしましょう。

ルールにとらわれず
楽しく書くのが一番！

文字の書き出しは
力を入れる

黒

あいうえお

通常の文字
左 → 右
上 → 下

あいうえお

逆の文字
右 → 左
下 → 上

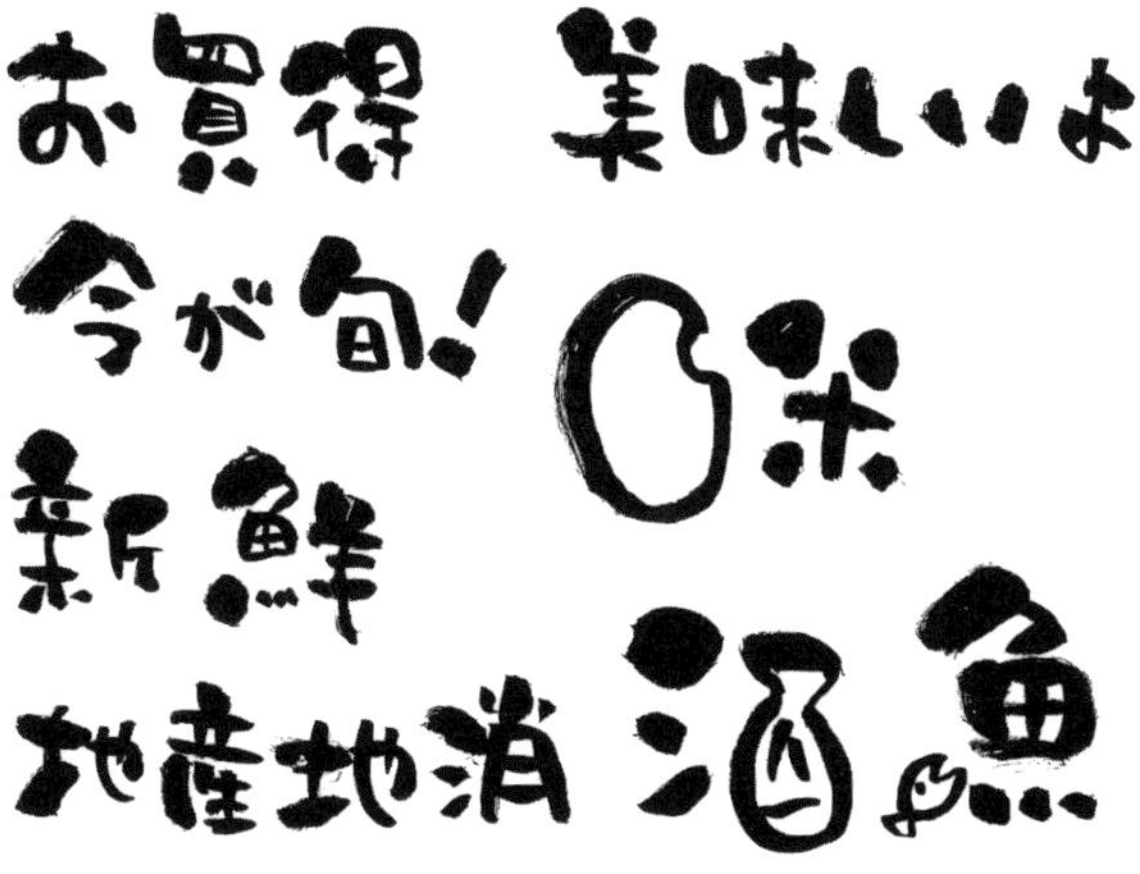
お買得
美味しいよ
今が旬!
味
新鮮
地産地消
酒
魚

文字の一部にイラストを入れてもOK。自由に楽しもう！

Part10

POPだけじゃもったいない！ 販促活用術

Part 10

1 POPのポイントをそのまま使える！「ブラックボード」

ブラックボードはお店のPOP

お客さまの心をつかむPOPが書けるようになると、必然的に来店につながるブラックボードも書けるようになります。なぜなら、ブラックボードはお店のPOPだからです。

目にした瞬間に興味をそそられるPOPのように、ブラックボードには、たまたま通りかかった人を引きつける力があります。

POPのポイントのおさらいも兼ねて、効果的なブラックボードの書き方をつかんでいきましょう！

効果的なブラックボードの書き方

・店名を先に書かない

POPでは商品名より、インパクトのあるキャッチコピーが重要だったように、ブラックボードも店名よりキャッチコピーを目立たせましょう。

店名が目に飛び込んできたからといって、お店に入ってくれるお客さまはほとんどいないでしょう。

それよりも、「もっと早く知りたかった！　旅行に便利なグッズ特集やってます♪」とターゲットやシチュエーションを絞ったり、「出産祝い・お土産・お誕生日に！　こんな包装をします！」と書いて、ラッピングのサンプルをボードに貼ったりしたほうがずっと目を引くし、覗いてみようという気分になりますよね。

・歩きながら読み取れるか

POPと同じように、ブラックボードも文字をカラフルにしてしまうと、読みづらくなってしまうので気をつけましょう。

合格の判断基準は、「歩きながらでもザックリと内容がわかるかどうか」「一番伝えたいキーワードが瞬時に認識できるか」です。

書けたボードを店先に設置して、30m離れたところからお店の前の通りを歩きながら、文字が読みやすいか、ボードの位置や高さも含めて確認してみましょう。

店名よりも興味を引く言葉を書こう

「プレゼントをするなら
白いタオルがおすすめ」

お客さまにとって役立つ
情報を伝える
ブラックボード

POPのように、
デコパーツや
ふきだしを貼れば、
ブラックボードが
こんなに目立つ！

Part 10

2

一石三鳥！ いいことだらけの「名札」

POPを使って伝えなければ商品の魅力に気づいてもらえないように、スタッフの魅力だって、お客さまに知ってもらうためにはPOPが必要なのです。

名札はまさに、スタッフ自身のPOPです！ 単なるネームプレートではなく、重要な販促ツールと捉えましょう。

こんな情報を伝えてみよう

名札という小さなスペースなので、一言だけでOKです！

例えば……

- **今ハマっているもの**
- **○○のことなら私に任せて！**
- **特技や長所**
- **今月の目標**

商品を売ることではなく、お客さまとの会話につなげることを意識しましょう。

お客さまと仲良くなることで、せっかく行くなら○○さんのいるお店にしよう！ という関係性を築くことが期待できます。

名前を覚えてもらうだけが名札の役割ではない

ある旅館では、「笑顔No.1」「努力家No.1」「元気No.1」など、スタッフのそれぞれの長所を似顔絵と共に名札に書き出したところ、お客さまから声をかけられる機会が増えました。

また、別のお店では、「みっちゃん」「ひいちゃん」など、「ちゃん」づけの愛称も一緒に書いたことで、お客さまが愛称で呼んでくれるようになり、これまで以上にお客さまと仲良くなりました。さらにスタッフのやる気アップにもつながり、お店全体の雰囲気が明るくなりました。

名札に名前しか書かれていなければ、特にそこに興味も湧きませんが、プラスアルファの情報が入ることによって会話につながります。

名札を変えたらお客さまと仲良くなった！

スタッフのNo.1を
名札で伝える

名札は単に名前を伝えるものではなく、
お客さまとのコミュニケーションツール！
特技や趣味・目標など、その人らしさを伝えよう

Part 10

3

脱・商品羅列の〝何でも屋さん〟！「DM・チラシ」

チラシに載せる商品は欲張らない

1点でも多くの商品を掲載すれば、多くのお客さまに「欲しい」と思ってもらえるだろう。そんな考えでつくられた商品羅列チラシでは、十分に商品の魅力を伝えることができないため、結局、値段しか注目してもらえません。

ある寝具販売店では、1枚のDMの中に44点もの商品を掲載し、枕だけでも「店長おすすめ」「スタッフおすすめ」などと7点も並べていました。

これではどれを選んだらいいのかわからず、購入しようという気持ちにはなりません。

実際に、このDMを送っていた頃は、思うような効果は得られませんでした。

POP同様、お役に立つ情報発信を

そこで、POPと同じように「この商品がどのような悩みや困りごとを解決してくれるのか?」「これを手に入れることで、生活がどのように変わるのか?」などの情報を丁寧に伝えるようにしました。

チラシに掲載されていた44点もの商品は、わずか2点に絞りました。寝具のプロとして、健康的な睡眠を得るためのポイントや、冷えない体づくりのアドバイスなどの情報と絡めながら、じっくりと2点の商品のよさを紹介しました。

すると、チラシに載っている商品数は減ったのに、売上は前年と比べて1・5倍になったのです。

DMを見て商品に興味を持ったお客さま、眠りに悩みを抱えて相談に訪れるお客さまなど、たくさんの方が来店し、購買につながったというわけです。

ゴチャゴチャ書いても結局読んでもらえないPOPのように、「何でもあります！ こんなにあります！」と欲張るのではなく、DMやチラシも一つひとつの商品の魅力を丁寧に伝えましょう。

アレもコレもと欲張らずに伝えよう

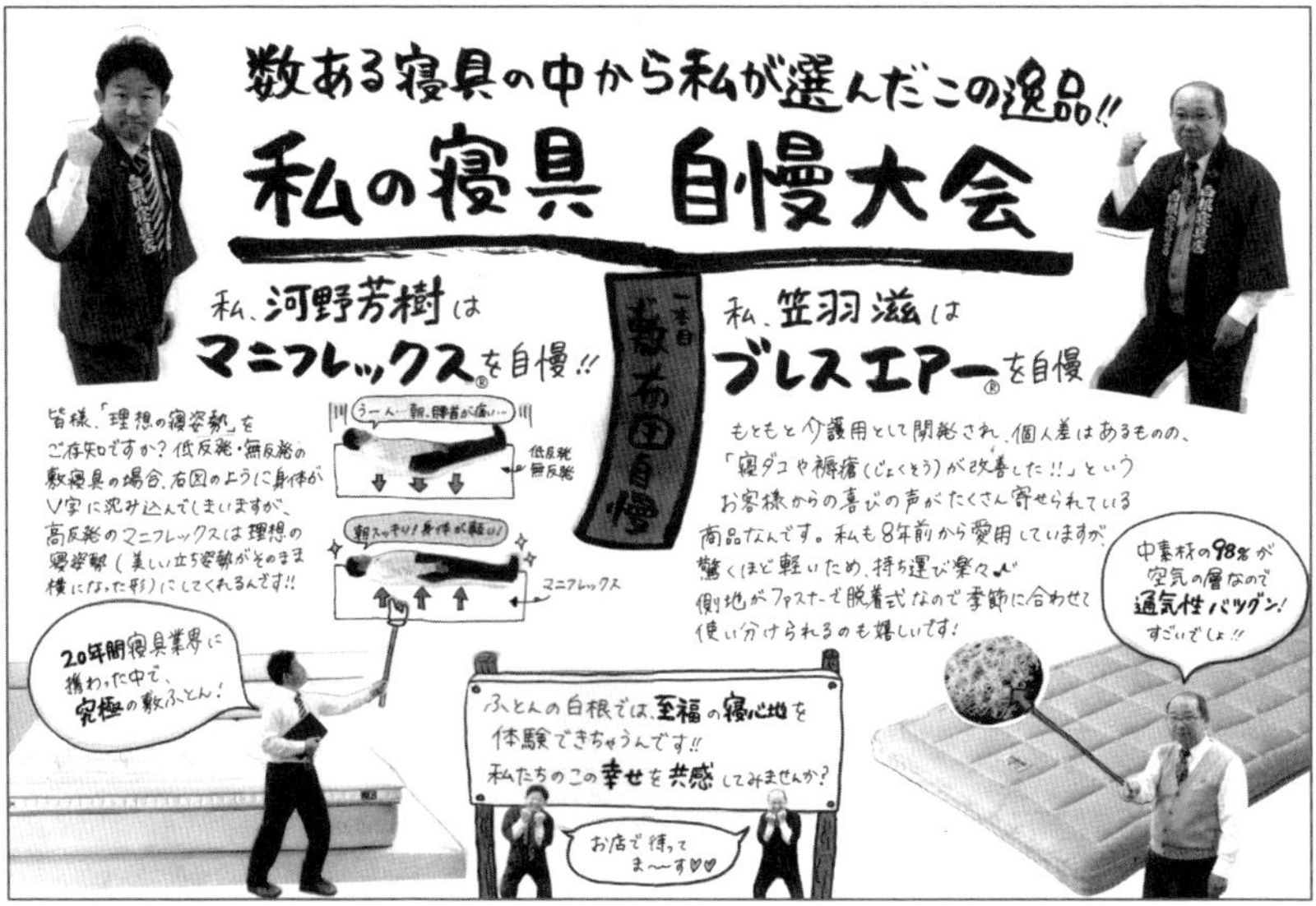

パソコンでデザインされたDMやチラシは見てもらいにくいが、スタッフの写真を使って手書きで説明すれば、じっくり読んでもらえる

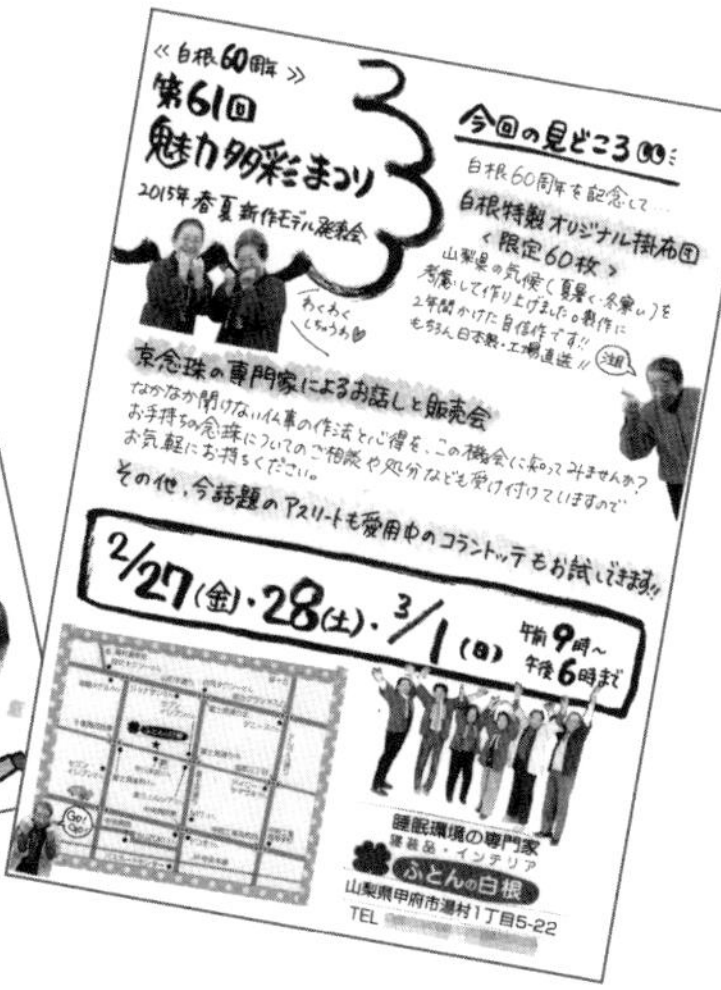

Part 10 4

脱・ありきたり！お店の本当の魅力を発信する「パンフレット」

店ごとに魅力は違うのに……

温泉旅館のパンフレットを想像してみてください。斜め下からの角度で撮られた建物、温泉・料理・自然の写真、それから耳当たりのいい言葉が並んでいるものをイメージしませんでしたか？

実際は旅館によって、その魅力は違うはずなのに、どこにでもあるようなパンフレットをつくっていては、そのよさは伝わりません。

ＰＯＰを書き続けていると、〝魅力を見つけて発信する力〟が身につきます。売れるＰＯＰが書けるようになると、商品だけでなく、お店自体の魅力も見つけて発信できるようになるのです。

また、パンフレットとなると、「心地いい空間」「やすらぎのひととき」などのありきたりな言葉を使いたくなってしまいますが、抽象的な言葉を並べるよりも、それを見た人が映像を思い描けるくらい具体的な言葉で伝えましょう。

ＰＯＰで鍛えた魅力を見つける力、それをリアルな言葉で発信する力は、お店のパンフレットづくりにも活かすことができます。

魅力を徹底的に伝えよう

古くから傷や火傷などの湯治宿として知られる「古湯坊 源泉館」では、建物の写真や料理の情報は一切載せず、皮膚移植をするほどの大けがを負ったお客さまが、温泉の力で傷をきれいに治していく様子を、実際の写真を掲載しながら漫画で伝えました。

このパンフレットは大きな反響を呼びました。パンフレットを何冊か持って帰り、職場や友人に配るお客さまが続出し、紹介での来館が劇的に増えたのです。

また、「普通のパンフレット」を使っていた頃は、部屋のごみ箱にパンフレットが捨てられていることがしばしばありましたが、現在の形に変えてからは一度もありません。

特別な商品なら特別なパンフレットで伝えよう

裏

表

紹介率が劇的にアップしたパンフレット。
まるでガイドブックのように旅館の魅力を紹介している。
パンフレットは「無料」なのが当然だが、
「無料でいただけるの!?」と驚くお客さまも多い

Part 10

5 買いたくなるツボをつく！「接客トーク」

POPはお客さまの反応がリアルにわかる

1枚にたくさんの情報を盛り込めるチラシとは違い、POPにはたった一言しか書けないからこそ、お客さまがどの言葉に反応したのかが見えやすいのです。そこで、反応のよかったPOPを、そのまま接客トークに活かしましょう。

例えば、「入荷が間に合いません！」と書いたPOPで売上がアップしたら、「こちらの商品は、人気すぎて、入荷が間に合わないこともあるんですよ」と、そのままお客さまとの会話の中に織り交ぜるだけで、反応が変わってきます。

また、接客中にお客さまの心が動いた一言があれば、それをPOPに書くことで、反応のいい言葉をさらに多くのお客さまに伝えることができます。

「うまくいったよ」を共有して、レベルアップ！

お店の朝礼などで、反応のよかったPOPに書かれた言葉を、全員で共有することによって、全体のレベルアップにもつながります。

POPを書いて貼って終わりではなく、POP設置後にどのような変化があったのか、お客さまはどのような反応をしているのか、など結果に興味を持つことが大切です。

効果測定をすることで、改善すべき点やお客さまが反応するツボがつかめるようになり、接客のスキルアップにつながります。

聞き上手は伝え上手

接客は、お客さまの不安や疑問など「生の声」が得られる大切な機会です。

何が原因で購入を迷っているのか、どんな悩みを抱えているのか知ることで、効果的な言葉が見えてきます。自分ばかりが伝えるのではなく、お客さまの声にしっかりと耳を傾けましょう。

うまくいったら次の販促に応用すべし！

こちらの商品は
すごく履き心地がいいので
色違いで買われる
お客さまも多いんですよ
注目!
あまりの使いやすさに色ちがいで買われるお客様が多いんです!! 10000円
えー！？
買っちゃおうかな！

反応がよかったら、他の販促物にも活かそう！

このPOPで
売上が5倍になりました
すごい！
なるほどー
注目!
あまりの使いやすさに色ちがいで買われるお客様が多いんです!! 10000円

売れる言葉は皆で共有しよう！

朝礼で「売れたよ」報告会をするのも◎

Part 10

6

ここまでできたら最高！「事務用アイテム」

お店の雰囲気が変わると見えてくるもの

特に小さいお店は、手書きＰＯＰが増えていくと、店内が温もり溢れる印象に変わっていきます。そうすると、これまでは普通に使っていた、無機質な事務用アイテムに違和感を覚えるようになるでしょう。

例えば、堅苦しい事務用封筒やＦＡＸの送信状は、いかにも機械的な文章が入っていそうな雰囲気で、温もりあるお店とはミスマッチのように思えてきます。

小さなお店の温もりが伝わる手書き小物

そこで、ＰＯＰを手書きで書くように、封筒も手書きにしてみましょう！

普通の白いコピー用紙に、縦横の比率を封筒に合わせるようにして、イラストや連絡先など、必要な情報を手書きします。書けた用紙をスキャンして印刷すれば、世界でたった一つの手書き封筒のできあがりです！

今はネット印刷などが充実しているので、手軽に発注することもできますが、もし不安な場合は、お近くの印刷会社に相談しながら進めると安心です。

手書き封筒は目立つうえ、印象にも残りやすいので、お便りなどの郵便物を送る際に、お店からの封筒だと気づいてもらえ、他社のＤＭに紛れる心配がありません。

同様に、ＦＡＸ送信状は、Ａ４の白いコピー用紙に宛先欄や用件欄などを自由に書けば、受け取った相手がビックリするような、楽しいものができます。

あとは必要な分だけ白黒コピーすればＯＫ！ コストもほとんどかかりません。季節やイベントによって、デザインを変えていけば、さらに楽しめますね。

手書きＰＯＰを書き続けると、自分でも気づかないうちに、１つの枠の中に文字やイラストを納める「構図力」が身につくので、こうした事務用アイテムにも活かすことができるのです。

もらった相手がビックリすること間違いなし！

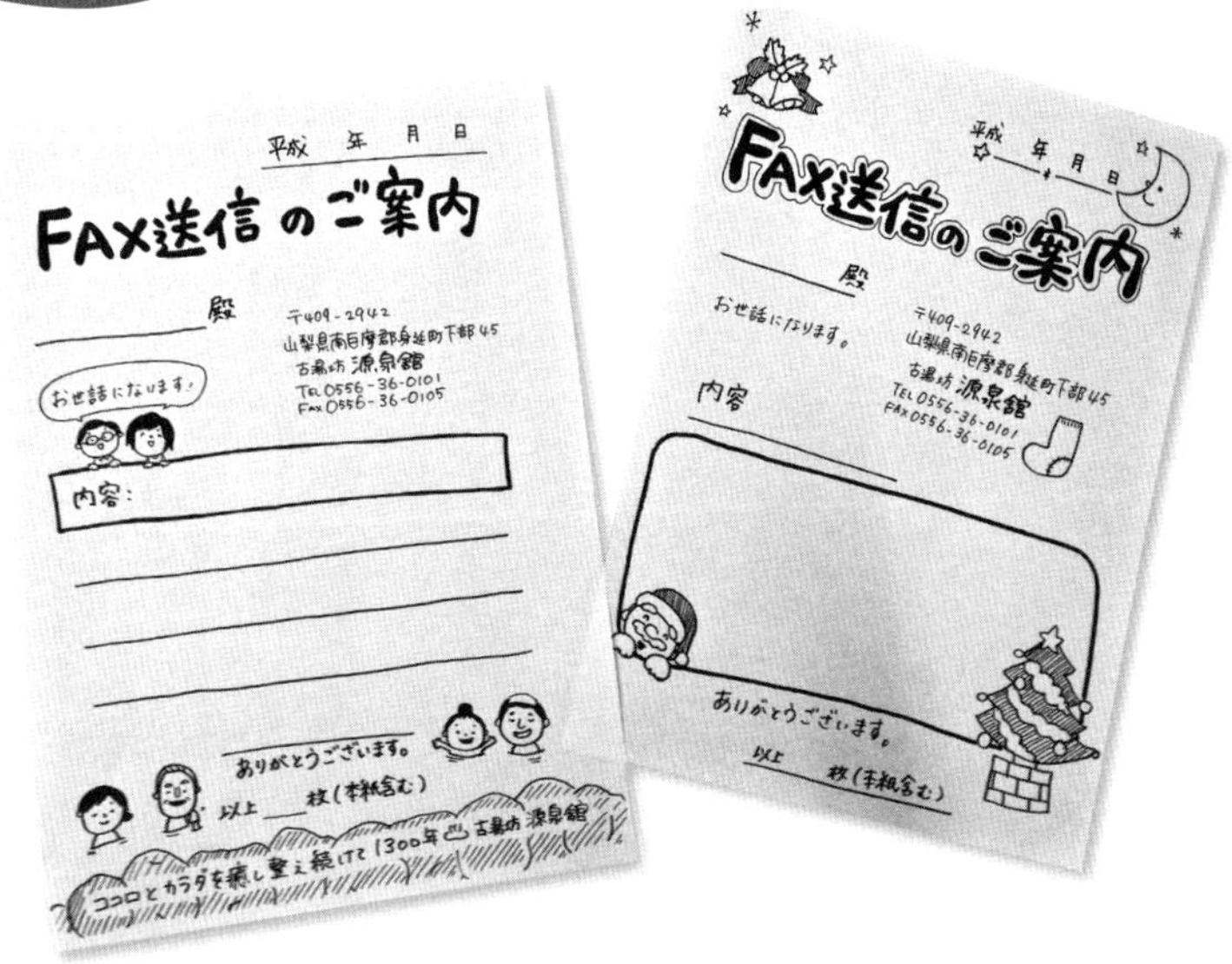

「普通なのが当たり前」の事務用品が手書きだと驚きも大きい！
FAX送信状は、A4の用紙に書いてコピーするだけなので、
今すぐに実践できる

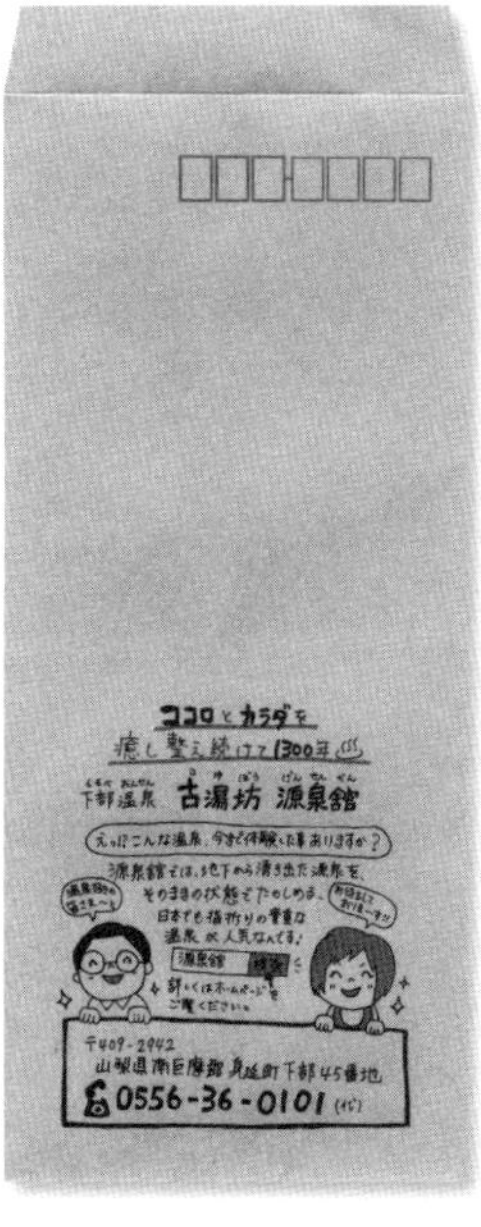

手書き文字やイラスト入りの
封筒もインパクト大！

おわりに

ここまで読んでいただき、ありがとうございます。最後に、勇気を出して行動することの大切さと、素直な気持ちでまずはやってみるという、販促に欠かせない大切なことを教えてくれた、２人の事例を紹介します。

勇気を出して行動することが成功のカギ

「大切なものだけコンパクトに斜めがけ」をテーマに、「お財布ショルダー」を制作・販売している、ウェブショップ「ラベンダーサシェ」のイシロヨウコさん。その名の通り、お金や携帯電話など、常に身につけておきたいものを肩がけできる「お財布ショルダー」は、ちょっとしたお買い物にも便利な商品です。

まさに、「いつでも、どこでも、誰でも」使える商品なのですが、勇気を出して「ランチバイキングに最適」と使いどころを絞り、ＰＯＰで伝えることにしました。これが大きな共感を呼び、売上につながったのです。

バイキングへ行ったとき、座席に貴重品を置いておくのは不安。仕方なくバッグを腕に持ちながら、トレーを持って……。私を含め、そんな不便な経験をした方は多いのではないでしょうか。「ランチバイキングに最適」と、シチュエーションを絞りに絞ったこの一言で、「この商品を持っていないことによって不便を感じた記憶」と、「この商品を使って問題を解決する自分」の再現ＶＴＲが瞬時に脳内に映し出されますね。

「みんなにおすすめです」「どこでも使えます」。確かにそうかもしれませんが、それでは、商品のある生活をリアルに思い描いてはもらえません。ターゲットも使いどころも、絞ることはまるで入り口を狭めることのようで、勇気がいることです。でも、欲張る気持ちをグッと堪えて絞ることで、「そうなの、いつも困っていたの！　便利な商品ね」と、共感を呼ぶことができるのです。

イシロさんは現在も、お客さまの声に耳を傾け、絞った伝え方でファンを集めています。

販促はお客さまと仲良くなれる、すごいツールだった

「きっかけは、お客さまの一言でした」

――ペット専門店・ペットエコ横浜の売り場につけられた１枚のＰＯＰには、こんなエピソードがあります。

「これね、すごくいいのよ」。そう声をかけてきたのは常連のお客さまでした。手には、他の商品よりも値段が5倍も高いため、まったく売れていないペット用の健康食品を持っています。

お客さまの言葉を聞いたHさんは、さっそく商品を購入し自宅の愛犬に飲ませてあげると、その反応のよさに驚きました。そこで、この商品がどれほどいいのか、愛犬の写真入りPOPで紹介したところ、これが大ヒット！　全然売れなかったのが嘘のように、一気に人気商品となりました。

それだけではありません。この商品のよさを教えてくれたお客さまが、POPを見て喜んでくれたのです。これをきっかけに、再びお気に入り商品やその使い心地を教えてもらえるようになり、お客さまとの仲が深まったことは言うまでもありません。

このHさんは元々、お客さまに押し売りをするようで「販促」が大嫌いでした。しかし、すごはんの販促セミナーに参加し、試しにブラックボードとPOPを書いてみたところ、それらを見たお客さまと会話が弾み、仲良くなれたうえに商品も売れ、お店全体の売上までアップしていきました。

大嫌いだった販促は、押し売りツールではなく、実はお客さまとの距離を近づけてくれる、すごいツールだったのです。それに気づいたとき、Hさんにとって、販促は「楽しい、大好き」に変わりました。

現在、Hさんはお客さまが声をかけやすいようにと、自分や愛犬の写真を大きく入れたPOPなどをつくり、さらなるお客さまとの接点づくりを楽しんでいます。

販促は本来、楽しいもの！

――いかがでしたか？

私はこれまで、たくさんの「販促が苦手、うまくいかない、好きじゃない」という方にお会いしてきました。販促をネガティブに捉えてしまうのは、うまくいく方法を知らなかったために「不器用な自分には無理」と考えてしまったり、販促の本当の役割を知らずに「押し売りしたら嫌われる」と思い込んでいただけ。お客さまの喜びや満足をつくる本来の販促は、とても楽しいものです。

まずはこの本の中から得た気づきを、1つでも2つでもいいので、行動につなげてみましょう。きっと幸せな変化が起こるはずです。


もしも今、販促で頭を抱えているなら、解決策は「楽しむ」ことです！

大好きな人をビックリさせたり喜ばせたり、時に励ましたり。販促とは、そういうものです。

だから、販促はワクワクするんです。

あなたのいつもの仕事が、ワクワクでいっぱいの〝たのしごと〟になりますように！

すごはん　増澤 美沙緒

2015年9月

著者略歴

増澤　美沙緒（ますざわ　みさお）

すごはん代表、販促シナリオライター
1983年長野県生まれ。2011年、いつもの仕事をワクワクいっぱいの"たのしごと"に変える、「すごい販促」を広めるため、「すごはん」を設立。全国の商店街や小売店を中心に開催している、手書きＰＯＰやチラシなどの実践型の販促セミナーは「知識を得られるだけでなく、楽しさも見いだせるため、継続して実践できる」と人気を集めている。専門誌への寄稿を行なっているほか、販促ヒントが満載の「たのしごと販促ブログ」も好評。著書に『売れる！ つながる！「すごい販促ツール」のつくり方』（同文舘出版）がある。

■「すごはん」Webサイト
https://www.sugohan.com/

※「すごはん」「たのしごと」は著者の登録商標です。

売れる！ 楽しい！
「手書きPOP」のつくり方

平成27年10月20日　初版発行
令和 6 年 5 月17日　37刷発行

著　者 ―― 増澤美沙緒

発行者 ―― 中島豊彦

発行所 ―― 同文舘出版株式会社

東京都千代田区神田神保町1-41　〒101-0051
電話　営業03（3294）1801　編集03（3294）1802
振替00100-8-42935
https://www.dobunkan.co.jp/

ISBN978-4-495-53281-9
印刷／製本：萩原印刷　Printed in Japan 2015